沙迦酋长

苏尔坦・本・穆罕默德・卡西米自传

I

早年岁月

［阿联酋］苏尔坦・本・穆罕默德・卡西米 著

赵东林 译

图书在版编目（CIP）数据

沙迦酋长苏尔坦•本•穆罕默德•卡西米自传. 1，早年岁月 /（阿联酋）苏尔坦•本•穆罕默德•卡西米著；赵东林译. — 南京：江苏凤凰文艺出版社，2017.10

ISBN 978-7-5399-4851-5

Ⅰ. ①沙… Ⅱ. ①苏… ②赵… Ⅲ. ①苏尔坦•本•穆罕默德•卡西米－自传 Ⅳ. ① K833.877=6

中国版本图书馆 CIP 数据核字（2017）第 213029 号

著作权合同登记号　图字：10-2016-601 号

书　　名	沙迦酋长苏尔坦•本•穆罕默德•卡西米自传 1 早年岁月
著　　者	［阿联酋］苏尔坦•本•穆罕默德•卡西米
译　　者	赵东林
责任编辑	孙　茜
出版发行	江苏凤凰文艺出版社
出版社地址	南京市中央路 165 号，邮编：210009
出版社网址	http：//www.jswenyi.com
印　　刷	三河市华东印刷有限公司
开　　本	718 × 1000 毫米　1/16
印　　张	16.5
插　　页	4
字　　数	161 千字
版　　次	2017 年 10 月第 1 版　　2020 年 1 月第 2 次印刷
标准书号	ISBN 978-7-5399-4851-5
定　　价	198.00 元（全四册）

（江苏凤凰文艺版图书凡印刷、装订错误可随时向承印厂调换）

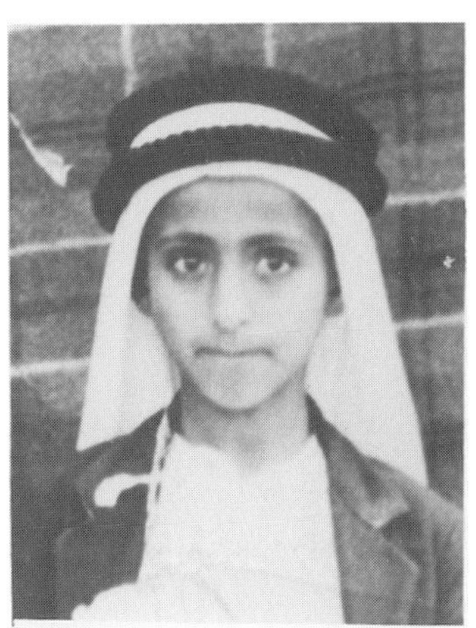

作者10岁时

谢赫苏尔坦·本·萨克尔·卡西米，沙迦酋长（作者的伯父）（1942）

沙迦城堡（1950）

沙迦城堡前：谢赫苏尔坦·本·萨克尔·卡西米，前任沙迦酋长（左起第二）。他的右边是谢赫赛义夫·本·穆罕默德·本·米吉拉德，左边是一位英国客人。客人左边是首辅大臣赛义德·易卜拉欣·本·穆罕默德·米德法（1942）

谢赫穆罕默德·本·萨克尔·卡西米（作者的父亲），沙迦代理酋长（1950）

谢赫拉希德·阿勒马克图姆，迪拜代理酋长，在谢赫萨克尔·本·苏尔坦·卡西米（作者堂兄）的酋长就职仪式上（1951）

卡西米亚学校的第一支足球队（1953—1954）。作者在第一排右起第二位。

莎莉法老师和她的学生们在卡西米亚学校第二学年的女生课堂上。

在卡西米亚学校（伊本·卡米勒的房子）里举行的欢迎科威特代表团的仪式（1955）

卡西米亚学校的幼童军和童子军（1955—1956）

任童子军队长的作者，在最右边（1957）

卡西米亚学校的足球队（1955—1956）

作者，时为卡西米亚学校的学生（1956）

作者在运动会上跳过火圈（1956）

科威特机场的沙迦童子军代表团，作者为右起第一人，中间是科威特教育部代表萨利姆·本·阿卜杜拉·马哈茂德先生。

德黑兰（1959）。坐着的人，从右至左：穆罕默德·本·沙姆希，塔里亚姆·本·奥姆兰和沙西尼先生（伊朗《伊特拉特报》所有人）；前排，从右至左：阿卜杜拉·乌姆拉尼、雅各布·本·优素福·杜希。

英国空军基地（1956）

埃及、叙利亚和伊拉克统一协议宣布之后，在沙迦举行的庆典（1963）

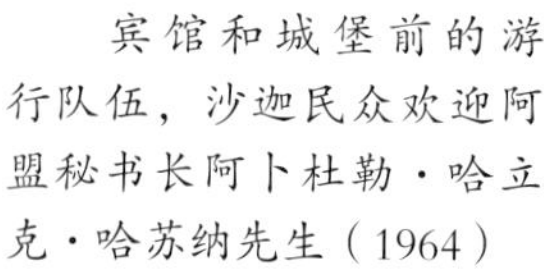

宾馆和城堡前的游行队伍，沙迦民众欢迎阿盟秘书长阿卜杜勒·哈立克·哈苏纳先生（1964）

谢赫哈立德·本·穆罕默德·卡西米，作者的哥哥和前任沙迦酋长（1965）

宾馆，前任沙迦酋长谢赫萨克尔·本·苏尔坦·卡西米的马吉利斯（1964）

特鲁西尔阿曼童子军陪同前任沙迦酋长哈立德·本·穆罕默德·卡西米去沙迦的宾馆（1965）

作者在开罗大学农学院就读的第一年（1965—1966）

作者（后排右一）在开罗大学农学院（1969）

目 录

Contents

谢赫卡西米家族谱系图（部分）

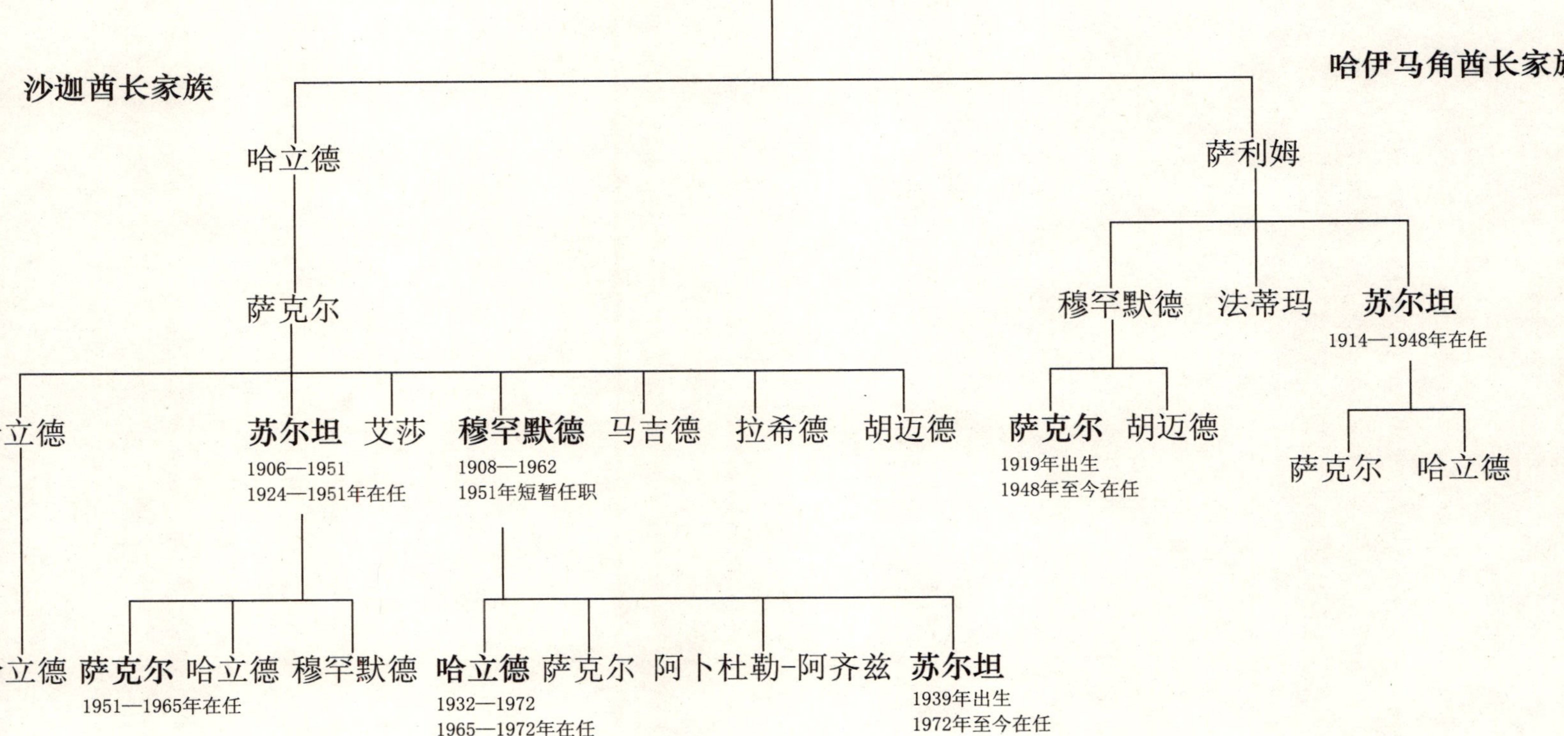

第一章

童年时光

我出生于伊斯兰教历1358年6月14日，对应于公历1939年7月2日，那一天正好是星期天。不到5岁的时候，我开始初通世事。1944年春天，第二次世界大战战事尤酣，沙迦机场的英国基地驻有军队和作战飞机，美国也决定向巴勒斯坦的利达[1]、伊拉克的哈巴尼亚，以及巴林和沙迦派驻军队。美军在这些地方训练部队，然后派往北非。

1944年初，一队美国工兵开到沙迦，在英国基地的东面修建训练营，驻训美军在那一年的5月初进驻营地。那时候，我伯父是沙迦酋长，父亲担任副酋长。由于伯父当时人在印度，我父亲礼节性地拜会了美军司令官卢修斯·克莱将军（我1974年在纽约见过他，他时任雷曼兄弟公司的首席执行官）。克莱将军邀请我们登上一辆绰号“鸭子”的DUKW型敞篷水陆两用车[2]。我坐在将军和父亲中间，哥哥哈立德和他的朋友奥姆兰·本·塔里亚

1　现为以色列中部城市。

2　二战时投入使用的水陆两用运输车，由美国通用动力汽车公司生产。D代表1942 年，U代表多用途，K代表前轮驱动，W代表双后轴。

姆，还有一个美国兵坐在后排座位上。水陆两用车穿过沙迦城，驶向沙迦河的时候，变成了船。上了岸，穿过舒什旱地（沙迦河与大海之间的一片沙窝地），驶向海边的时候，船变回了车。到了海里，车又变回一条船，迎着风浪，忽上忽下。船到远海，我开始晕船、呕吐，弄脏了将军的制服。将军一脸的恼火，下令调头回沙迦。我们的海上航行随之结束。

1944年9月8日，一架军用飞机在离沙迦的莱耶村不远的地方坠海。这是一架美国联合飞机公司制造的“解放者”II型轰炸机，编号AL550，隶属英国皇家空军。飞机从沙迦机场起飞后因爬升失败而坠海，机上只有机组人员，而且全部获救。我跟着哥哥哈立德去海边看热闹，看到了一些从坠机的地方冲上岸的彩色铅笔。哥哥开始忙着捡铅笔，把捡到的铅笔都送给了我。

我家的房子

我家的房子紧挨着伯父谢赫苏尔坦·本·萨克尔·卡西米的家。伯父家的房子归他妻子拉蒂法·宾特·赛义德所有。两家中间有一道椰枣树枝扎的篱笆和一扇通向两家的门。我已记不清伯父和他的家人在此居住的情形，也不记得他的两个女儿，阿扎和阿莉娅，在此屋丧命的细节。但我清楚地记得，我和伯父的两个儿子，年长的阿卜杜拉和年幼的沙特，为了进出方便，在篱笆上开了一个洞。我常会盯着篱笆上的洞发呆，这时心里会有一种恐惧和只能自己感觉到的不祥，仿佛看见鬼魂的两条腿在跑动，从房角的厕所跑到另一个房角，那个位置是我伯父女儿的卧室。鬼魂在那里杀死了两姐妹。鬼魂的两条腿又细又长，就像“米赫玛斯”的长把手（“米赫玛斯”是贝都因人[1]用来炒咖啡豆的长柄平底锅）。因为这座房子总会勾起丧女的伤心记忆，伯父决定搬出去，并且很快就新建了一处棕榈屋。

我家和伯父的弃屋之间以前隔着一道棕榈树叶的篱笆。我家经常是满屋子的人，父亲身边也总是跟着一大帮人，有家人、邻居、奴隶，还有仆人。常有客人光顾我父亲的“马吉利斯”（独立于主建筑、用于接待客人的屋子），大的马吉利斯用来接待普通客人，小的则用来招待贵宾。家里没有一天不是大宴宾客，装满食物的餐盘从房子的三扇门同时端出来；另外，还有食物被直接端到大马吉利斯外面的长凳上，饥饿的人们便一拥而上。那时正值二战的饥荒时期。

我家的西门通向一个院子，院子四周是各位伯父、叔父的家。另外还有本·拉卡德家，他家的两个儿子易卜拉欣和阿里都在沙迦的英国基地做事，会经常带给我几本英国杂志。那时我还小，不识字，但很喜欢里面的插图。靠近院子有一栋房子，墙体已经开始坍塌，一间很大的储物间凸在房子外面。储物间的门对着院子，始终敞开着。人们把这个储物间叫作“杜瓦什的房子”，我的叔父马吉德在里面关着一个疯子。疯子身上绑着铁链，铁链的一头拴在一块大石头上。发觉有人经过的时候，疯子就会尖叫着冲向门口，但他总是受铁链的长度所限，根本跑不出储物间，要不然路过的人会以为这疯子可以自由行动。穿过院子的路从疯子门前经过，从这条路可以到清真寺和集市，也可以到法里斯·本·阿布德·拉赫曼的家。他来自沙特的内志[2]，是一

1 居无定所的阿拉伯游牧民族。

2 沙特阿拉伯中央省的旧称。

位教师，我们这里把教师称为“穆塔瓦”。他既在清真寺做“伊玛目”[1]，也在家里教小孩子读书。（在有些国家，“穆塔瓦”是宗教警察，但在我们这里“穆塔瓦”是宣传伊斯兰教义的人和教师。）法里斯穆塔瓦的家离我们家很近，但是因为害怕疯子会逃出来，我不敢到他家上学。后来，那个疯子突然有一天消失了，“杜瓦什的房子”四周的墙也被砌好，与叔父马吉德家连在一起。我终于不用再害怕那个疯子，可以和别的孩子一样，到穆塔瓦家上学了。那时我年纪还很小，正在学习三十卷《古兰经》的最后一卷，习惯上这是记诵《古兰经》的第一步。哥哥姐姐们正陆续学完《古兰经》，但这并不是说他们能记住全部的经文，而是说他们能读懂《古兰经》的全部内容，并且会背诵第三十卷。

参加过赞美真主安拉的仪式，学完《古兰经》的学生就可以毕业了。仪式是男女分开进行的，分别由男女穆塔瓦主持。仪式那一天，男孩子要换上干净衣服，有时还必须是新衣服，谢赫或富人家的男孩子要佩戴金质匕首，戴头巾和头箍带。谢赫或富人家的男孩子和男同学们一起参加毕业仪式。举行仪式的时候，这个男孩子要站在前排，跟着穆塔瓦或他的代理人复诵祈祷文，后排的男孩子们会一起大声念出“阿敏！”[2]。仪式结束后，穆塔瓦或他的代理人会挨家挨户地上门收取捐赠。

谢赫或富人家的女孩子在仪式这一天头上和胸前要戴上金链和吊坠，手指甲要用海娜草染上颜色。我们家的东门也通向一个院子，孩子们常在那里开心地玩耍，常常玩到很晚。

1　清真寺的领拜人。

2　宗教用语，意为“请应允我（们）的祈求吧”。

伯父家的弃屋

隔在我们家和伯父家弃屋之间的篱笆倒了，没法再修，我父亲就吩咐人把它拆了。几年后，我们决定在弃屋的主房间开一扇正对我们家的门，同时封闭了我们家正对着弃屋的大门。我妹妹娜依玛的保姆卓美娅被安排住在储物间，隔壁是牛羊饲料仓库，由我父亲的奴隶因丁希照管。他是个身材高大的非洲人，经常让我骑在他肩膀上玩。保姆卓美娅病了，怎么治都治不好，最后死在了储物间。至于因丁希，有一天我发现他死在隔壁仓库的饲料堆上。

那时候，我父亲的武装侍卫阿义德·本·胡赛夫，娶了一位名叫玛丽亚姆的女人，并为她在我家东门外的院子里盖了一间椰枣树叶的屋子。胡赛夫把他家的墙搭在我伯父家弃屋的墙上，就在靠近厕所的位置。在我们小孩子的想象中，厕所是鬼魂住的地方。有一天，胡赛夫的妻子，一个自从住过来，我们从未听见她说过一句话的安静女人，突然变得如同魔鬼一般：披头散发，怒目圆睁，惊声尖叫，口吐白沫。几个男人被叫了过来，其中两个人使劲按住她的两只手，让她动弹不得；另一个用鞭子狠狠抽打她的后背，一边抽打，一边对鬼魂喊话："出来吧……出来吧……出来吧！"

玛丽亚姆瞪着两只眼睛，她的目光与我相遇时，我不禁有些发抖，担心鬼魂会从她的眼睛里跑出来，跳到我的眼睛里。但是，玛丽亚姆的眼皮合上了，不一会儿脑袋也耷拉到胸前。那个拿鞭子的男人还在继续抽打，嘴里仍然不停地喊着"出来吧……出来吧……出来吧！"直到最后，鞭子抽打的是一具尸体。

那天夜里，阿义德·本·胡赛夫家里没人，房子却着了火。

人们赶来救火，火焰中突然发出子弹爆炸的声音，把救火的人全吓跑了，结果房子被烧光。阿义德·本·胡赛夫匆匆赶到的时候，人们揪住他责问："你为什么要把子弹放在家里？"他回答说："我的子弹一直都随身携带，根本没有放在家里。"后来才知道，爆炸的并不是什么子弹，而是干柠檬籽。

沙迦城堡

沙迦城堡在我家南边，和我家只隔着一条宽巷子，巷子通向沙迦城的集市。从我家的窗户可以俯瞰整条巷子，满载货物的大篷车来来往往，不是来采购的，就是去卖货的。有时，我们会看见端着步枪的警察，押着一个人走向城堡，被押送的人若有反抗，警察就推搡着他向前走。同一个时间，也许会有另一个人，低头抽泣着从城堡出来，唯一引人注意的就是他的哭声。这个时候，我们可能还会看见另一个人，他快步走向城堡，若有所思的样子，思忖着和谢赫说话时，该如何斟字酌句。如果这个人回来时满脸欢喜，那么他一定是得到了谢赫的慷慨馈赠；如果在回来的路上，这个人还在唠叨自己的心愿，语无伦次，那么他的满心希望肯定已经破灭。我们从早到晚看到的就是这些事情。

沙迦城堡是一个方形建筑，由四部分组成。东南角是一间马吉利斯，用来接待重要客人；西南角是一座被称为"马什拉夫"的方形塔楼，是卫兵站岗的地方；西北角是一座圆形塔楼，叫"库布斯"，也是卫兵站岗的地方；"马赫鲁萨"是一座高大的塔楼，它的名字与它不同寻常的建筑风格有关，塔顶有卫兵把守，底层是一座阴森恐怖的监狱。城堡的大门正对着广场，门上有圆形的古铜色钉头装饰，闪闪发光。在城堡的大门和马赫鲁萨之间，午后马赫鲁萨的阴影下，有一张巨大的、有很多条腿的木头长凳，从两边的木头台阶可以上去。城堡里有一门被叫作“拉卡斯”的大炮，炮身架在木质轮子上。另外还有一门稍小的炮，同样也是架在轮子上。

城堡大门的左边是监狱。监狱有一扇对着广场的窗户，犯人可以在这里和亲属说话，窗户的上方还有一个通风口。监狱的门通向城堡大门的内厅，这扇大门被叫作“伊斯巴”，戒备森严。监狱里以前关押过一名因抢劫罪被剁掉了右手的犯人。有一天夜里，这个人偷了城堡里的一门小铜炮。一个病弱且只有一只手的人，要带着一门铜炮，从高处的通风口钻出去，难度可想而知。但他竟然成功逃出了监狱。警察一路追踪，在一个饲料仓库发现他时，这家伙怀里还抱着那门小铜炮。

监狱旁边是日用品库房，由谢赫家的奴隶伊本·卡尔班照管。他把煤油、木炭和食物分发给谢赫家的兄弟们。紧挨库房的是车库，有门通向马厩。在这些房间的上面是谢赫招待客人的马吉利斯，前面有一个与拱廊相连的露台，整个拱廊都可以看到城堡前面的院子。到了晚上，谢赫苏尔坦的兄弟和他们的孩子们用晚餐的时候，城堡前会有很多人，有独自一人的，也有三五成群的，他们在那里收听有关战争进程的新闻广播（那时候是1945年），广播的声音是从城堡楼上某个房间的窗户里传出来的。

城堡前的人们一半支持同盟国，一半拥护轴心国。伊拉克人尤努斯·巴赫里是德国电台的新闻播音员，他犀利的语言常会激怒同盟国的支持者；同样，叙利亚人穆尼尔·沙马播报的BBC中东台新闻也会惹恼那些拥护轴心国的人们。从俯瞰广场的窗户里望出去，我们这群小孩子经常会看到两派之间的打斗。

在城堡的另一处，也就是城堡靠南边的地方，住着谢赫萨克尔·本·苏尔坦·卡西米的母亲，靠北边是谢赫萨克尔和妻子儿女的住处。城堡的对面，有一个大型建筑，一半已经完工，未完工的另一半看起来更像一个遮阳挡雨的大棚子。因为这个缘故，这个建筑被称作“拱廊”，许多贝都因人以沙迦酋长客人的身份居住于此。拱廊的北边有一口洗衣服的水井，南边是一个骆驼棚，在拱廊和城堡之间竖着一根大船的桅杆，桅杆的上半部呈深黑色。这根桅杆是用来捆绑小偷和罪犯的，被用作“悔罪柱”。有小偷或罪犯被绑在桅杆上受鞭刑的时候，我们这些男孩子会围在四周，喋喋不休地争论桅杆顶上黑颜色的由来。有些人说，桅杆的顶部会被点着，火苗向下跑，小偷感觉火快烧到自己的时候，就会马上招供。但我说的是，我们每天都在这里看罪犯受鞭刑，却从来没看见桅杆被点着过，自打我们记事起，桅杆顶部一直都是黑颜色的。

我问父亲这黑颜色的由来，他给我讲了下面这个故事：

我父亲谢赫萨克尔·本·哈立德·卡西米担任沙迦酋长的时候，在沙迦的阿里，有一个名叫巴希杜的黑人，他是个盲人。一天狂风大作，刮着我们称为“苏海利”的南风。这时，巴希杜出了家门，用手杖探着路，到集市上去，希望能向渔夫讨要一些鱼。一回到他的用棕榈枝叶和帆布搭起来的破帐篷，巴希杜就急忙生火烤鱼吃。结果帐篷着了火，烧死了巴希杜。

巴希杜和他的帐篷被烧成灰烬，但大火并不罢休。火借风势，闯进一间间棕榈屋，接着迅速向西蔓延。烈火熊熊，烧穿了墙壁和屋顶。火光冲天，摧毁、吞噬着房屋，被卷起的灰烬漫天飞舞，火过之处只剩下烧焦的牛羊。漫天飞舞的火星和灰烬被大风吹向沙迦河的方向，河边停靠着一条采珍珠的船，船名是“加利卜”，船主名叫伊本·马德胡尔。大风刮来一块着火的碎片，恰巧落在桅杆顶上，点着了桅杆，火苗顺着桅杆向下跑，很快就烧到离甲板不到两米的位置。这时，我的父亲谢赫萨克尔·本·哈立德·卡西米，当时的沙迦酋长，正骑马经过河边，他下令砍断固定桅杆的绳索，把烧剩的桅杆扔进海里灭火。后来，我父亲又下令把桅杆运到城堡前的广场，并立在那里，用来捆绑小偷和罪犯。从那时起，这节桅杆就成了悔罪柱。

不久以前，桅杆被用来捆绑那些装病的采珠人。因为害怕鲨鱼，或者因为憋气时间短，他们不敢潜到海底采珍珠，只好装病。潜海采珠的人经常会臆想自己在海底看见了鬼魂，他们被拉上船时，总会胡言乱语一番。海底压力大，有些采珠人的耳膜受到损伤，治疗的方法就是在他们的耳朵下方烙一个印记。再后来，受指控的犯人被绑在桅杆上，鞭刑逼供。

悔罪柱的南边有一排老式大炮，炮管靠近炮口的部位架在棕榈树的树桩上。这些大炮从未使用过。还有一门架在木轮子上的稍小的炮，用于贵宾来访时鸣放礼炮，或用来宣布开斋节[1]的到

1　伊斯兰教历每年9月为斋戒月。凡健康的成年穆斯林都应全月封斋，即每日从拂晓前至日落，禁止饮食和房事等。封斋第29日傍晚如见新月，次日即为开斋节；如不见，则再封一日，共为30日，第二日为开斋节。

来。开斋节是斋月后盛大的宗教节日。有一次，沙特阿拉伯的埃米尔沙特·本·阿卜杜勒-阿齐兹·沙特做客沙迦，他在去印度的途中过境沙迦机场。沙迦酋长谢赫苏尔坦·本·萨克尔·卡西米邀请埃米尔到城堡的马吉利斯喝咖啡。负责鸣礼炮的卫兵接到命令：贵宾在城堡门前下车时，鸣礼炮一响。礼炮放在城堡门口附近，就在埃米尔将要下车的位置，所以必须把炮推到离城堡大门稍远的地方。于是，鸣礼炮的卫兵和另外几个卫兵一起把礼炮推走，可无论他们怎么使劲，礼炮就是纹丝不动。

这时，我们一群男孩子正等着观看迎宾仪式，卫兵们喊我们过去帮忙。跟我们站在一起的还有两个仆人，他们的主人是谢赫穆罕默德·本·哈马德·沙姆希，哈马萨酋长谢赫拉希德·本·哈马德·沙姆希的弟弟。谢赫穆罕默德是我父亲请来的客人，他和他的两个仆人住在我家的私人马吉利斯里。一个仆人名叫哈斯，另一个叫朱迈。

两个仆人也加入了推礼炮的队伍，可礼炮仍然一动不动。没办法，鸣礼炮的卫兵决定改用架在棕榈树桩上的老炮。他开始往炮管里塞火药和碎布片，我们这群孩子就围在四周看。由于受到震动，炮管上的铁锈一片片往下掉，在地上聚成一堆。装填完毕，鸣礼炮的卫兵在炮管尾部的小孔里也放了一些火药。贵宾到达的时候，卫兵用火种点燃了一片棕榈树叶的叶脉，用作点炮的捻子，然后叫我们后退。捻子一碰到炮管的尾部，这门老炮就炸了膛！浓烟中爆炸的碎片像子弹一样飞出，朱迈一头栽倒在地：他被爆炸的碎片击中，脸上被削掉一块肉，牙齿都露了出来！

那时候，英国人每个星期都会把电影放映机带到骆驼站，演一场电影。这样做当然是为了夸耀他们在二战中的战果，而不是宣传他们的败绩。放电影的地方到处都有虱子，尤其是那种从骆驼身上掉下来的、大个头的虱子。观众的眼睛盯着银幕，虱子的嘴巴叮着观众，吸他们的血，整个放映过程，观众们不是在挠腿，就是在挠脚。

城堡外紧靠南墙的地方有几间马厩，马厩的西墙是残留的沙迦城墙，马厩的门道一直通向贝都因人的清真寺。我常在马厩的院子里练习骑马，等到我的堂兄们骑马进沙漠的日子，我问教我们骑马的赛义德·哈伊勒（马倌赛义德），能不能带上我一起进沙漠，他同意了。但是赛义德又担心马会带着我跑丢了，便决定领着我们所有人骑马逛沙迦城，包括沙迦的集市。我们到了西边的鱼市，那里有一排妇女，面前的地上摆放着各种蔬菜，有萝卜、洋葱、西红柿、甜瓜，还有甜罗勒。

我的马溜达到一名妇女面前，她顾不上自己的菜，吓得拔腿就跑。那匹马不听我使唤，只顾大口嚼着地上的蔬菜，把甜瓜和西瓜也踩烂了。赛义德骑马赶过来，把我的马赶回到马群中间，但是他的马却接着踩踏我的马吃剩的蔬菜。集市里的人们挥舞着手臂大喊大叫，轰赶马群，受到惊吓的马在集市里横冲直撞，四散逃去。幸好没人受伤，真是谢天谢地。有人向谢赫苏尔坦·本·萨克尔·卡西米告状，他把我们大家训斥了一顿，赔偿了损失之后，又下令从此禁止马匹进入沙迦的集市和街道。

第二章

谢赫苏尔坦·本·萨克尔·卡西米

谢赫苏尔坦·本·萨克尔·卡西米于1924年就任沙迦酋长，他的弟弟（我父亲）谢赫穆罕默德·本·萨克尔·卡西米任副酋长。他们的另一个弟弟，谢赫马吉德·本·萨克尔·卡西米则坐镇阿尔萨木炭市场，接待告状和投诉的百姓。有些案子现场就可以解决，有些则需要提交沙迦的“卡迪”，也就是伊斯兰教法官，再由卡迪按照伊斯兰教法，做出公平、公正的裁决。那时候担任卡迪的是谢赫赛义夫·本·穆罕默德·本·米吉拉德，人们带着讼案来到他的马吉利斯，那里总是挤满了打官司的人。卡迪的判决必须呈报酋长本人后才能执行或得到批准。那时候，酋长谢赫苏尔坦的“维奇尔”，也就是首辅大臣，是赛义德·易卜拉欣·本·穆罕默德·米德法。“维奇尔”的职责限于公文处理和书信往来，以及对外关系的处理。

开斋节

晚礼后的日落时分，人们在盼望着一轮新月的出现，新月意味着开斋节的到来。寂静中传来一声炮响，宣告第二天就是开斋节。不一会儿，各个集市变得拥挤起来，人声嘈杂。此时逛集市的人要么是过节的物品还没准备齐全，要么只是来看热闹。有的人来买开斋节穿的衣服，有的人来排队理发，想让理发师把自己好好“美化”一番，也有的人是来采购招待客人的“福瓦拉”。福瓦拉是用芝麻酱做的甜点，也叫“赫尔达”。泰穆尔是制作和出售甜点的师傅，在他家店铺的对面，有一家带磨坊的店铺，一头被蒙上眼睛的驴子在不知疲倦地埋头拉磨，被称为“赫尔达驴子”。这种说法久而久之变成了一个俗语，如果你对别人说“别把工人累坏了”，那人会这么回答：“不用担心，他是一头赫尔达驴子。”

开斋节的早上，衣着华丽的人们都要去城外1.5公里处的礼拜广场。那里有一个有三级台阶的混凝土讲经台，领拜人站在讲经台上，面向一排排站立的人群。开斋节和星期五的领拜人是嗓音洪亮的谢赫赛义夫·本·穆罕默德·本·米吉拉德。成年男子和男孩子们站在前排，最前面的是谢赫苏尔坦·本·萨克尔·卡西米、他的兄弟和亲属，以及沙迦城的要人。为数不多的妇女站在后排。开斋节礼拜结束后，所有人都向城里拥去。守城堡的卫兵，不管谁先看到一群穿白衣的人走过来，都会发出鸣枪的口令。听到枪声，人们就会对节日的到来深信不疑，就可以说“开斋节到了”。

人群拥向城堡，向谢赫苏尔坦·本·萨克尔·卡西米酋长祝贺开斋节的到来。在人群中有一队士兵，他们是酋长雇来守卫英国空军基地的阿曼人，住在机场附近的马纳克，领头的名叫纳西尔·扎伊迪。士兵们到达城堡广场后，开始载歌载舞。其中两个士兵最引人注目，他们手持利剑和盾牌，扮成决斗的勇士。“决斗”结束时，一个士兵刺中对方，被刺中的士兵“倒地而亡”，接着，获胜的士兵用剑捅一下地上的“尸体”，那“阵亡”的士兵就会立刻站起身来。小孩子们是决斗表演的热心观众，“决斗”一结束，他们便开始穿街走巷，挨家挨户讨要开斋节礼物，他们会得到一小笔零花钱。

开斋节当天的晚上，男人、男孩子和女孩子，还有很小的孩子，聚集在那棵树冠巨大的菩提树下。他们把绳子系在菩提树粗大的树枝上，玩荡秋千的游戏。秋千有两根绳子，女孩子们分两列坐在上面，每个人都把手和脚缠在对面的绳子上。秋千上有八个人，男孩子负责推秋千，推的时候会很小心。菩提树下还有叫卖糖果和杏仁的。沙迦酋长坐在一张大椅子上，接受开斋节的祝贺，周围是他的亲戚和沙迦的显贵。在他们附近，人们跳着表现战争的“伊亚拉”舞。

每个星期五，谢赫苏尔坦都会带着随从离开他的住处或城堡，去星期五清真寺。一名侍卫手持步枪跟着酋长，随员们则跟在侍卫的后面。酋长自己佩带一把金质弯刀，这种刀被称作“卡塔拉”。

法拉杰[1]农场

我伯父谢赫苏尔坦·本·萨克尔·卡西米在胡扎姆塔东边的法拉杰农场有一个大农庄，还在附近建了一处度假屋。农庄有两口水井，两台水泵把井水分别抽进两个大蓄水池里。西边的蓄水池是用来洗澡的，上面用棕榈树枝搭了一个花架，茉莉花枝从下面爬到花架上，花瓣会落在洗澡人的头上。几丛茉莉花栽在水池

1 falaj，意为“灌溉”。

中央一个坚固的大花坛里，花坛四周贴着亮晶晶的瓷砖，上面有颜色和形状各异的玫瑰花。蓄水池四周的花草散发着香气，成群小羚羊跑来跑去。

来农庄的时候，我的伯父谢赫苏尔坦通常会带上他的兄弟和家族里的全部男孩子。酋长和他的兄弟们乘坐他的私人轿车，男孩子们则是乘坐一辆跟卡车差不多的大车，一路上欢歌笑语。

谢赫苏尔坦斡旋哈伊马角事件

1948年，我9岁。那年2月的第一个星期，有一天一大早我和妹妹娜依玛坐在山丘上，从那里可以俯瞰棕榈树林和哈伊马角城之间的道路。这座山丘是哈兰[1]众多金色山丘中的一座。清晨刚下过雨，沙子很湿润，我和妹妹玩着盖房子的游戏，用采来的野花把房子装扮得漂漂亮亮，五颜六色。

四周静悄悄，阵阵晨风拂面，带着几分凉意。向东，我们可以看到散落着相思树的平原地带，平原一直延伸到大山脚下的丘陵；大山向北延伸，与平原的西部边缘交会，好像打了一个绿色的结。这绿色的结是镶嵌在高大的棕榈林中的几个小村庄。向北，我们可以看到哈伊马角河，河的西岸是哈伊马角城，东岸是穆阿利德村。哈伊马角河有一个潟湖，向南边哈兰沙丘的方向延伸，在潟湖与沙丘之间是一大片盐滩地，覆盖着一丛丛的柽柳树；在接近沙丘的地方，长着牧豆树，有时会看到几头牛到蓄积了雨水的水坑边喝水。

在我们的南边有一个土筑城堡，人称“谢赫苏尔坦·本·萨利姆·卡西米城堡”。从城堡的墙垛伸出两杆枪，指向从哈伊

1　哈伊马角的一个居住区。

马角方向过来的人。突然，墙垛上传来一阵喊声："站住！站住！"从哈伊马角方向走来一男四女，正朝我们所在的山上爬，听到喊声，他们全都趴倒在地。那男子哭喊起来："我们刚刚和死神擦肩而过，现在却又要大难临头。"他沙哑的声音和吓人的外表十分恐怖。这时，城堡上有人应答："苏肯，苏肯，你们在这里很安全。"苏肯是这男子的名字。苏肯回答说："可怜的萨克尔！可怜的哈立德！"苏肯是一名仆人，主人是谢哈艾莎·宾特·萨克尔·卡西米，少年萨克尔和哈立德兄弟的母亲。两兄弟的父亲是哈伊马角酋长，谢赫苏尔坦·本·萨利姆·卡西米。和苏肯一起的那几位女子来到我家，告诉我们哈伊马角发生了政变，发动政变的是现任酋长的侄子谢赫萨克尔·本·穆罕默德·卡西米。萨克尔和哈立德逃离了哈伊马角城，但是下落不明。

听见有汽车开近的声音，我跑到屋外等待。后来发现是我们自己家的车，我父亲从车上下来。他是早上坐车出去的，开车的是阿卜杜拉·班德瑞。一同下车的还有两位少年，正是萨克尔和哈立德，他们的父亲是刚刚被赶下台的哈伊马角酋长，母亲是我父亲的姐姐。在我父亲的侍卫阿义德·胡赛夫的陪护下，两人进了屋外的"马吉利斯"，一座离帐篷区不远的独立的帐篷。这个帐篷区是我们生活起居的地方。我父亲领着我进了房子，把事情的经过告诉了我。

"谢赫萨克尔·本·穆罕默德·本·萨利姆·卡西米（他的母亲哈萨·宾特·萨克尔·卡西米是我父亲同父异母的姐姐）占领了哈伊马角城堡，萨克尔和哈立德困在那里，我听到消息后，就赶过去救他们。"

我父亲说，他去了谢赫胡迈德·本·穆罕默德·卡西米的家，发现哈立德·本·苏尔坦已在那里避难。父亲问到萨克尔的情况，有人告诉他萨克尔当天一大早就骑摩托车逃离了哈伊马角的家。我立刻对父亲说，就在那天早上，我亲眼看见一辆摩托车在山下的路上跑得飞快，车是从哈伊马角城过来的，向东开去。父亲说："那就对了，萨克尔逃到了哈特村，那里有他的朋友。苏尔坦提到过萨克尔的摩托车，我就到处打听这辆车的行踪，终于找到萨克尔的下落。所以，他们现在能住在咱家的马吉利斯。"

萨克尔和哈立德就在马吉利斯的消息很快在我们家传遍了，他们的母亲谢哈艾莎的几个女随从听到消息后放声大哭，执意要去那里吻萨克尔和哈立德的手。我父亲说，他会把两个孩子送到沙迦他们的母亲那里。他们的母亲是我父亲的姐姐。于是我对父亲说："我要和你们一起去。"父亲听罢，随即对我母亲说："给他拿上几件衣服。"吃过午饭我们上车出发，那时差不多是中午时分。我和父亲坐在前排，谢赫苏尔坦·本·萨利姆·卡西米的两个儿子，萨克尔和哈立德，还有我父亲的武装侍卫阿义德·胡赛夫坐在后排。一同坐在后排的还有我父亲的一位阿曼客人。这位客人来自阿曼东南部的加兰，白胡子，黑皮肤，温和善良，诙谐风趣，还特别爱笑，是个很有趣的人。加兰人佩戴一把银质匕首，身穿白色长袍，头上戴着羊毛头巾。

经历了这次不幸事件，我父亲和他姐姐的两个儿子神情沮丧。汽车沿着沙路行驶，东摇西晃，发出阵阵哀鸣，好像也受了伤。加兰的客人将身体前倾到前后排座椅之间，开始唱歌和讲故事，我父亲微笑着跟他交谈，他才停下来。驱车前往沙迦的途中，我们只在午礼时才停车一次，当天下午就到了沙迦城，车停在我家和姨娘（我父亲的第二个妻子）家的房子前面。我父亲吩咐司机阿卜杜拉·班德瑞把他姐姐的两个孩子送到他们母亲那里，他自己带上我，还有加兰的客人和侍卫阿义德·本·胡赛夫，去我们家的大马吉利斯。到了房前发现大门开着，却不见人，我父亲说萨尔敏必须立即赶到，于是他喊了起来："萨尔敏……萨尔敏！"我也跟着喊："萨尔敏……萨尔敏！"萨尔敏·本·苏瓦利姆来自阿曼的纳赫勒，他以前是个奴隶，我父亲把他买下来，恢复了他的自由，但他更愿意留在我们家。

萨尔敏出现了。因为小时候得过小儿麻痹症，他只能一条腿走路，另一条腿拖着。父亲对萨尔敏说："烧一些热水，让苏尔坦少爷（也就是我）洗个澡，水烧好了送到马吉利斯隔壁的房间。"接着父亲又吩咐侍卫阿义德·本·胡赛夫把理发师伊萨·纳马库从他的理发馆叫来。交代完事情，父亲带我去姨娘家，也就是他的第二个妻子的家，我的几个妹妹和弟弟胡迈德在那里。父亲洗完澡，换上了干净衣服，拿上肥皂和毛巾，领着我回到马吉利斯。但是等我们到了的时候，发现理发师伊萨·纳马库还没来。父亲从马吉利斯的窗户向外看，从这扇窗户可以看到我家房前的广场。这时候挎着工具箱的理发师正在往我家赶，步伐已经快得不能再快了，他是个罗圈腿，走起路来左右摇晃，活像个钟摆。理发师终于赶到，我父亲对他说："伊萨，你来得太晚了。"伊萨回答说："是这样的，谢赫穆罕默德阁下，我正在给人理发，刚理了一半，所以……我总不能扔下不管吧。"我父亲说："抓紧时间，给苏尔坦理个发。"

理发师纳马库放下工具，把一块布围在我身上，接着就开始一绺一绺地剪我的头发，剪下的头发放在摊在我大腿上的一块布上。失去头发令我伤心无比。我一直十分在意自己的发型，头发梳理得服服帖帖、有模有样，几绺头发从太阳穴垂下，像挂着几串葡萄。可如今我该怎样去面对我的朋友们啊？他们都有头发，而我却是个秃子！想到这些，我忍不住大哭起来。我父亲问："伊萨，你是不是把孩子碰伤了？"伊萨答道："我没有用剃刀刮，一直都在用剪子剪啊！"伊萨终于完工，在我脑袋上留下不止一处伤口。理完发，萨尔敏帮我洗澡的时候，父亲对他说："给他浑身都打上肥皂。"洗完澡，父亲接过了我，帮我把身上擦干，从我带来的衣袋里取出一件长外套给我穿上。最后，我用自己的红围巾把头包了起来。

昏礼后，我和父亲去城堡见我的伯父谢赫苏尔坦·本·萨克尔·卡西米，他在城堡的书房里。我向伯父行了吻鼻礼，是父亲交代我这么做的；伯父把我紧紧地在胸前搂了一下，然后让我紧挨着他坐下。除了伯父和我父亲以外，书房里没有别人，我父亲向他的哥哥谢赫苏尔坦介绍了发生在哈伊马角的事情。正说着，有卫兵进来通报说："哈伊马角酋长，谢赫苏尔坦·本·萨利姆·卡西米，已经到了城堡门口。"我伯父谢赫苏尔坦吩咐请他进来，并起身前去迎接。哈伊马角酋长还带着两个儿子，萨克尔和哈立德，我伯父把他们领进书房，一次家庭会议就这样开始了。谢赫苏尔坦·本·萨利姆·卡西米娶了我伯父和父亲的姐姐，所以我伯父和父亲是萨克尔和哈立德的舅舅。谢赫苏尔坦·本·萨利姆·卡西米看起来心烦意乱，请求我伯父和父亲尽一切努力，恢复他哈伊马角酋长的地位。

这不是我第一次见到谢赫苏尔坦·本·萨利姆·卡西米，

几个星期前我陪父亲去哈伊马角见过他。那次是因为贝都因人聚集在哈兰，向我父亲抗议砍伐吉里的牧豆树，砍树的人就是谢赫苏尔坦·本·萨利姆·卡西米。他们抱怨说，长得好好的牧豆树被砍掉，特别是那些适合用作“科威特船”（我们称为“布姆船”）船艉材料的大树。“科威特船”是一种海船，那时候正由帆船改造成机动船，所以需要大量木材。我就亲眼见过他们把一根大木头的两端绑在两匹骆驼身上，用骆驼运送木材的情形。在哈伊马角，谢赫苏尔坦·本·萨利姆·卡西米拒绝了我父亲的劝告，我父亲只好返回哈兰，把交涉结果告诉了贝都因人。

谢赫苏尔坦·本·萨利姆告诉我伯父谢赫苏尔坦·本·萨克尔，谢赫萨克尔占领哈伊马角城堡的时候，他的姐姐，谢哈法蒂玛·本·萨利姆·卡西米正在那里。她在城堡的一楼，当着贝都因人的面，骂他们是背信弃义的叛徒。谢赫苏尔坦·本·萨利姆·卡西米接着说，他儿子哈立德把当时的情形告诉了他；后来在谢赫胡迈德·本·穆罕默德·卡西米家里，他也听说了这件事。他还听说，谢赫萨克尔·本·穆罕默德为了维护他姑姑的荣誉，下令禁止贝都因人进入城堡的一楼，只能待在楼上和城堡的入口。

谢赫苏尔坦·本·萨利姆·卡西米想把他姐姐接出城堡，送到沙迦，并试图解决哈伊马角的政权问题。于是，我伯父谢赫苏尔坦·本·萨克尔·卡西米动身去哈伊马角，与谢赫萨克尔·本·穆罕默德·卡西米见面；我父亲则承诺写一封信给谢赫胡迈德·本·穆罕默德·卡西米，请他把他的姑姑，谢哈法蒂玛·本·萨利姆·卡西米，从哈伊马角城堡救出来，然后送到沙迦。最后，谢赫苏尔坦·本·萨利姆·卡西米说，他的车随时都可以出发去哈伊马角。

我父亲按要求写了信，交给谢赫苏尔坦·本·萨利姆的侍卫拉米斯，要求他务必送达谢赫胡迈德·本·穆罕默德·卡西米本人。我问父亲，我能不能和他们一起走，中途在哈兰下车，回家看母亲。父亲同意了。汽车是敞篷的，我坐前排，在司机乌卡布旁边，拉米斯在后排，车的后面放了一些口袋，我不知道里面装的是什么。

我们动身时已是傍晚。出了沙迦城之后，拉米斯让我坐到后排，这样他就可以到前排，坐在司机旁边。因为个头小，我滑到袋子之间的空隙里，不一会儿就呼呼大睡，一直睡到拉米斯把我叫醒。我听见他对我说："起床吧，你快到家啦。"接着又听见司机乌卡布说："看见这辆车的车轮印了吗？跟着走，你就能到家。"我下了车，还没等我反应过来，车就一溜烟开走了，把我一个人扔在了路中间。我一直盯着远去的车，直到车灯被树林挡住。时值伊斯兰教历3月的最后几天，夜很黑，月亮还没有出来。到我家的距离是1.5公里，附近除了我"舅舅"萨利姆·本·哈米斯·苏瓦迪的家，没有别的房子。他其实是我父亲的舅舅，但我们也常这样称呼他。舅舅家附近还有一座小房子，住着莎克罗和哈姆罗两位夫人，她们都属于巴尼·德赫维部族。所有这些房子都靠近位于山顶的城堡。我在山脚下，所以必须爬上山顶。

附近传来狼的嗥叫声，我心里不禁一阵恐惧。几天前的一天夜里，几只狼进了莎克罗家的羊圈，叼走了一只羊羔。因为害怕遭到同样的厄运，我开始拼命往前跑，到家前有好几次差点摔倒。到了家门口，我不停地喊我母亲，一直喊到她把门打开。看见我，母亲十分意外：“你是怎么来的？我没听见汽车响。”我说：“他们把我放在大路上，我自己跑上来的。”母亲既高兴又生气：“老天该惩罚他们，大路上可到处都是狼！”为了不让我的那些朋友看见我的光头，第二天我整日都没出门。我的朋友们是一帮贝都因男孩，年纪最大的名叫马什卢姆，还有一个叫扎比，来自附近的哈姆拉岛。

以前我每天都会碰到他们，我们人手一把椰枣树枝做的弓和一支箭，箭头上绑着缝衣针。弓和箭都是我们自制的，用来射鸽子和小鸟。用马什卢姆的打火石生火是我们常干的事情，生火的时候，一边对着干草堆用铁块敲击火石，一边使劲吹气，火就着了。我们围坐在火堆旁，把捉到的蚂蚱、蜥蜴、跳鼠，还有小鸟，统统放到火上烤着吃。前面提到过由几个小村庄结成的“绿色的结”，哈伊尔就是这些村庄中的一个。在哈伊尔附近的萨利西亚，有大片靠雨水浇灌的、属于我父亲的麦田。我们经常从麦田里蹚过，手里拿着椰枣树枝，驱赶偷吃麦穗的小鸟。

几天以后，我父亲从沙迦过来，带来接待他的哥哥谢赫苏尔坦·本·萨克尔·卡西米所需的物品。我伯父第二天要来调解谢赫萨克尔·本·穆罕默德·卡西米和谢赫苏尔坦·本·萨利姆·卡西米之间的争端。那时候，谢赫萨克尔·本·穆罕默德·卡西米控制了哈伊马角，谢赫苏尔坦·本·萨利姆·卡西米暂避于沙迦和迪拜，他的妻子艾莎（我姑姑）在沙迦，第二位妻子在迪拜。谢赫苏尔坦·本·萨克尔·卡西米来我家的那天早上，我父亲在离我们家房子不远的地方，忙着搭建帐篷，准备礼仪和便利设施。日落时分，谢赫苏尔坦·本·萨克尔·卡西米带着随从和侍卫到达了我父亲搭建好的帐篷，晚宴之后，他就在帐篷里过夜。第二天早餐后，谢赫苏尔坦·本·萨克尔·卡西米和我父亲上了同一辆车，随从和侍卫乘坐另外几辆车，前往哈伊马角会晤谢赫萨克尔·本·穆罕默德·卡西米。

中午的时候，我父亲从哈伊马角返回，告诉我们谢赫苏尔坦·本·萨克尔·卡西米已经从海滨公路回沙迦了。我问父亲会晤的结果，他的回答是“没有进展”。几天过去了，谢赫萨克尔·本·穆罕默德·卡西米巩固了他在哈伊马角的统治，要求英国承认他的酋长地位。英国人答应了。

1948年3月的第一个星期，我父亲决定去拜访谢赫胡迈德·本·穆罕默德·卡西米，他是哈伊马角的新任酋长谢赫萨克尔·本·穆罕默德·卡西米的弟弟。父亲带我同行。我们在哈伊马角的时候，一场突如其来的暴风雨迫使我父亲一行在谢赫胡迈德府上过夜。司机阿卜杜拉·班德瑞和侍卫阿义德·本·胡赛夫睡在外面的马吉利斯，我和父亲住一个房间，是谢赫胡迈德本人的房间。第二天一大早，房门打开的时候，我发现内院变成了一个水塘。我因为一夜都没醒，便问父亲发生了什么事，于是他叫阿义德·本·胡赛夫带我出去看看城里的情况。

一到外面，我就发现大风刮倒了所有的房屋，绝大多数都是棕榈屋。海岸线已逼近谢赫胡迈德家的宅院，从他家门口就能看到大海。在我们现在的位置和大海之间，原本有三四座棕榈屋，现在都被海浪卷走了。这几户人家的水井也塌了，井周围的沙土被海水冲刷得不见踪影，海水退去后，只剩井身立在那里，就像沿着宽阔的海岸竖起的一根根柱子。阿义德和我沿着海岸向北跑，经过了集市，最后来到哈伊马角河口。这里位于哈伊马角城的北部，汹涌的海浪冲入河口，冲毁了岸上的房屋。

由于我父亲担心在哈兰的家人，我们驱车赶往那里。赶到的时候，发现我们家的那几顶帐篷已经不复存在。我哥哥哈立德和仆人们高兴地上前迎接我们，我父亲一边下车一边说："感谢真主，你们都平安无事。"我们全都去了城堡，看见晾衣绳都落到了地上，这里一根那里一根的，还有一根掉在离女人的衣服不远的地方，所有的衣服都被雨水浸透了。

哥哥哈立德向父亲讲述了夜里发生的事情。他说："大风刮起来的时候，我们都睡在大帐篷里，我母亲、谢哈和娜依玛妹妹、弟弟阿卜杜拉，还有我。突然，四周用来固定帐篷的绳子被从地里拔了出来，只剩中间的柱子支撑帐篷。帐篷被掀掉了，我们无遮无挡，我和谢哈妹妹摸黑跑向城堡；借着闪电的亮光，看见年幼的阿卜杜拉弟弟在沙地里爬，我们就背起他进了城堡。"

令我们意外的是，进到城堡里面的时候，我们却没看见母亲和娜依玛妹妹。我立即把情况告诉了萨利姆·本·哈米斯舅舅，他带上我到帐篷里找母亲和妹妹。我和舅舅正大声呼喊她们的名字，忽然听到被刮倒的帐篷下面有声音，我们掀起帐篷的一边，钻进去找她们，结果发现我母亲正在那里祈求真主的保佑。我告诉她阿卜杜拉在城堡里，跟我们在一起。

我母亲说："我们在帐篷下面找阿卜杜拉，浸了水的帐篷特别沉，越是想向前爬，就越是被压在地上动弹不得。噢，穆罕默德，我们真是太不幸了！"我父亲对她说："真主保佑，现在一切都好了。"我母亲继续说："我们，还有你姑妈和她的孩子正在城堡里睡觉，突然泥水从楼梯的一个门洞向我们涌来。这泥水先是聚积在房顶上，然后倾泻而下，结果我们都泡在泥汤里。"然后我父亲说："我们得回沙迦，你收拾一下衣服就上车，别的都不用带，用人们会帮你带过去。”我们上了回沙迦的车，美丽的哈兰在身后越来越远，大家都免不了一阵伤心。

向英国人开枪

英国人承认了谢赫萨克尔·本·穆罕默德·卡西米的哈伊马角酋长地位。很快，被赶下台的谢赫苏尔坦·本·萨利姆·卡西米就把他的极度愤怒发泄到英国人头上。他策划的各种对立行动不断升级，结果遭到沙迦的英国政治官的警告：如果他不远离威胁和破坏部族和平的行动，他就会被要求远离特鲁西尔[1]海岸。“特鲁西尔”是英国人喜欢用的地名。英国人认为我的姑父，谢赫苏尔坦·本·萨利姆脾气暴躁，很难共事，也不能排除他将来还会制造难题和麻烦。几个月以后的1948年7月23日，他又被召到英国政治官在沙迦的办公地点——“英国政治代表处”。这次召见他的是驻巴林的英国副政治代表科尼利亚斯·詹姆斯·佩里先生，他是搭乘一艘英国军舰从巴林来沙迦的。

按照佩里先生的说法，谢赫苏尔坦·本·萨利姆在与他会面的时候，毫无根据地为自己辩解和找借口。佩里先生请谢赫陪他去巴林，谢赫苏尔坦没有表示反对。但是，他们两人和英国政治官出门的时候，佩里先生要求谢赫苏尔坦·本·萨利姆上停在政治代表处门前的一辆车，谢赫拒绝这么做，并且向后退，于是英国政治官命令门口的卫兵逮捕谢赫苏尔坦。谢赫苏尔坦突然以惊人的速度拔出手枪，一边开枪，一边逃走。子弹擦着佩里先生和英国政治官的身体飞过，他们吓得躲进车里。

1　Trucial，“停战”之意。1820年，英国与当地的统治者达成首个海上休战协议，使得这个地区成为“停战海岸”。

“射击！向他射击！”英国政治官大声命令卫兵。卫兵开枪了，但他们却是朝天放枪！这些卫兵都是被我们称作“马赞”的沙迦人，沙迦的城堡、塔楼、要塞大多由他们看守。

从英国政治代表处到我家的距离大约1公里，我姑父谢赫苏尔坦·本·萨利姆穿街过巷，一路跑到我家，进门就遇见了我父亲。我父亲把他领到楼上的一个房间，房间入口靠近我们的家庭生活区，从房间可以看到我家房前靠西边的院子，也可以看到西边的通道和马吉利斯的小院；另外有一个通道将马吉利斯和内宅隔开。当时正是中午，仆人给谢赫苏尔坦·本·萨利姆端上午饭，他一边吃，一边和我父亲商量逃离沙迦的办法。

不一会儿，我家房子周围传来汽车的声音。从房间的窗户可以看到前院，我父亲从窗户向外望去，看见英国士兵在我家房子西侧设立了封锁线。父亲立刻叫侍卫和仆人拿起武器，并且把门都反锁上。有一个仆人告诉我父亲，英国士兵已经封锁了连接城堡院子的通道。在我家北边还有一个大多数人都不知道的通道，连着厨房和一个小院子，院子的四周是我家邻居玛丽亚姆·本·萨达拉、萨利姆·迪拉和拉希德·加扎尔的房子。这些房子中间的巷子很窄，仅能容一人通过。

父亲领着姑父来到厨房通向小院子的门，见门外没有英国兵，便领着姑父从我家出来。父亲在此之后的计划我就无从得知了，因为那时我正在楼上房间里，跳在窗户上往外看。从这扇窗户可以看到我家房前的广场，我看见我家西门前的广场上聚集了一群英国兵。

英国兵躲在一辆军用卡车后面，不一会儿，卡车倒车，原先被遮挡的一摞装得鼓鼓的沙袋露了出来。一排士兵端枪趴在沙袋上，枪口对准我家的西门。我盯着英国兵看，一直看到太阳开始下山。就在这个时候，那辆军车开始向前开动，沙袋后的英国兵被挡在我的视线之外。末了，卡车又动了起来，开走了，除了几小堆从沙袋里漏出的沙子，什么也没留下。

父亲被迫离开沙迦

几天后的一天，快到中午的时候，我父亲回到家里，他让我母亲帮他收拾一箱衣服。母亲问他去哪里，父亲回答说，英国人决定带他而不是谢赫苏尔坦·本·萨利姆去巴林。佩里先生曾经在沙迦担任过一年半的英国政治官，因此对沙迦并不陌生，也很了解我的父亲谢赫穆罕默德·本·萨克尔·卡西米。1931年，我父亲反对在沙迦修建机场，因为他希望修建一个民用机场，而不是军用机场。他拆除了建机场的地面测量标志，英国人决定将我父亲赶出沙迦，但后来又接受了我父亲提出的条件。我父亲提出，英国人必须签署一个声明，承诺保护沙迦的独立，不干涉沙迦的内部事务（参见本书作者用阿拉伯文撰写的《东西方之间的沙迦机场》）。

英国人要求沙迦酋长谢赫苏尔坦·本·萨克尔·卡西米同意将自己的弟弟谢赫穆罕默德·本·萨克尔·卡西米流放到巴林，而且只向其提供生活所需，甚至不包括交通工具。我父亲听从了哥哥的命令，去了巴林，随行的只有大儿子哈立德，以及哈立德的朋友奥姆兰·本·塔里亚姆。巴林的酋长是谢赫萨勒曼·本·哈迈德·哈利法，父亲作为他的客人，在那里待了几个星期后，一行人回到了沙迦。

卡西米亚伊斯拉学校

我父亲不在家的那段时间，记得是1948年9月，卡西米亚伊斯拉学校开学了，我是入校的新生之一。虽然我那时已经九岁零两个月，但还是被分到了一年级，因为我有两年是在哈伊马角的哈兰过冬的。我父亲还在巴林流放，所以我只能自己去学校。学校教室是棕榈叶搭成的，帐篷形状，屋顶盖着麻袋布，上面又铺了一层油毡，防止漏雨。教室的地面上铺着新垫子，垫子运来时是卷起来的，所以刚铺上时并不是很平整，有些地方鼓了起来，我们坐了一段时间后，才变得服帖。除五年级外，所有年级的学生都坐在地上听课，五年级的大孩子们用的课桌是从泰米亚学校运来的，这所学校靠近集市区的阿尔萨。

有一天，在拥挤的阿尔萨集市，我看到泰米亚学校的学生排着长队穿过集市。集市的中心区域已经变成了一个水果市场。我跟在他们后面，一直跟到了海边。我看见他们蹲在那里，像一排海鸥，每两个人之间还留出一点间隔。原来他们在那里大便。

卡西米亚伊斯拉学校的校舍原先是我伯父谢赫苏尔坦·本·萨克尔·卡西米家的房子。两年前他搬了新家，就下令将这处房子改为学校。因为卡西米亚伊斯拉学校容纳不下那么多班级，所以又加盖了几间教室。我们一年级的老师是法迪勒先生，他皮肤黝黑，身着长袍、马甲，戴着头巾，所有穿戴都是耀眼的白色。他在迪拜曾经经历过一些磨难，后来跟随谢赫赛义德·本巴蒂·阿勒马克图姆到了沙迦。法迪勒先生写一手好字，我刚学写字的时候就是他教的我。字写在石板上，写字的石笔多数是白色，也有其他颜色。我进入卡西米亚伊斯拉学校之前，就跟着谢赫法里斯·本·阿本德·拉赫曼学过《古兰经》。

卡西米亚伊斯拉学校的校长是穆罕默德·本·阿里·马哈茂德，在执行学校纪律方面，他总是一丝不苟。有一天课间休息的时候，学校出了点乱子，穆罕默德先生拿着手杖进了学校，下令关上学校的大门。接着，他就开始追赶那几个惹事的学生，学生在前面跑，他在后面追，其他的学生都跟在他后面跑，整个学校乱成一团。

1948年初的一个晚上，人们看到一颗拖着长尾巴的彗星，学校里一度有很多关于“长尾星”的议论。

春天，天稍微暖和一些的时候，有工人来到学校，在教室前用棕榈树的枝叶搭建遮阳棚。遮阳棚顶的中线位置有两根木头支柱，与四角的主支柱粗细一样，遮阳棚实际上是没有墙的教室。学生们朗读《古兰经》或赞主赞圣的声音和老师讲课的声音，每天从这些没有墙的教室里传出来。

谢赫苏尔坦·本·萨克尔·卡西米患病

人们并不知道谢赫苏尔坦患病的事，他自己也没有表现出来。1949的春天，我在谢赫苏尔坦的马吉利斯见过他，当时有一个拉洋片的人被带进来。这个人来沙迦的时候，背着一个有四条腿的箱子，他把箱子放在地上，邀请人们从箱子上的开口向里面看，一次只能一个人。如果看的人愿意付点小钱，那人就会摇动箱子上的手柄，里面的图画便会动起来。沙迦人听说了这个人，而且还听说他是在表演巫术，于是一些有身份的沙迦人便去向谢赫苏尔坦·本·萨克尔·卡西米告状，请求他把这个人驱逐出沙迦。谢赫苏尔坦下令把拉洋片的人带到他面前，于是一名侍卫就把他带到了谢赫的马吉利斯。这间马吉利斯在西边的房子里，那里住的是谢赫苏尔坦的妻子谢哈米拉·本·穆罕默德。那天我和谢赫苏尔坦的儿子们一起，坐在沙迦的几位头面人物的旁边，正是他们要求驱逐那个拉洋片的人。那人被带了进来，身后背着他的箱子。谢赫问他："你从哪国来？""伊拉克。"那人答道。谢赫又问："那么你的箱子里都能看到些什么？"那人回答说："让小孩子开心的东西。"然后，谢赫苏尔坦，也就是我的伯父，对我说："到这里来，苏尔坦，你来看看箱子里都是些什么，然后把你看到的告诉我们。"

我们所在房间的门是关着的，从门上带垂帘的小窗透进一束光线。那人从背上取下箱子，放在从小窗透进的光线中，然后开始转动把手。通过观看孔，我看到箱子里的图画动了起来，我看到的每一幅图画，拉洋片的人都要解说，比如"这是一头吃小麦和大麦的大狗熊"。他还说到了集诗人和勇士于一身的安塔拉·本·沙达德，一位6世纪传奇史诗中的英雄；另外还有10世纪伟大的阿拉伯部落英雄阿布·扎伊德·希拉利。看完之后，我的伯父谢赫苏尔坦对我说："把你看到的向我们描述一下。"虽然我那时只有9岁，但还是站在谢赫和大人物面前，讲述了自己刚才看到的内容，既充满自信，又小心谨慎。后来，谢赫苏尔坦决定让拉洋片的人离开沙迦，并给了他一些钱。

有一天午饭后，在伯父家中间的房子里，也就是他的妻子谢哈拉蒂法·宾特·赛义德的住处，我看到哈立德在用刚煮过的针头给他父亲打针，打针的位置是前臂。这时我才知道伯父谢赫苏尔坦·本·萨克尔·卡西米在患病。晚上，伯父和几个儿子一起吃晚饭的时候，我坐在他身边，看见他在向米饭里加糖。我还从来没尝过上面撒了一层糖粒的米饭，我也是第一次品尝肥肉烤土豆，味道好极了。

1949年5月初，谢赫苏尔坦·本·萨克尔·卡西米的儿子哈立德娶了我姐姐谢哈·本·穆罕默德·卡西米，当时正值婚礼庆典期间。一天早上，我正要离开伯父谢赫苏尔坦的家，具体说是他家西边的房子，哈立德的母亲谢哈米拉的住处，我看见伯父坐在房前的长凳上，他也看见了我，便喊我的名字“苏尔坦……苏尔坦”，于是我回到了他那里。他把我抱了起来，让我挨着他坐下，把我裹在他的斗篷里，还亲了我一下，我闻到他的衣服有玫瑰花的香气。伯父身边还陪着几个人，其中一个问：“谢赫苏尔坦，请问这孩子的父亲是谁？”伯父回答说：“这孩子是苏尔坦，我弟弟穆罕默德的儿子，给他取名时用了我的名字。”说着，谢赫苏尔坦从口袋里掏出一枚硬币放在我手里，问我：“知道这是什么吗？”我说：“一个卢比。”伯父把我握着硬币的那只手紧紧合上，对我说：“别把它丢了，不要让任何人把它拿走。”我身体瘦小，从伯父怀里溜了下来，跑回到自己家。

第二天早上传来谢赫苏尔坦患病的消息，人们一脸的悲伤，所有的婚礼庆典活动都被取消。前一天夜里，谢赫苏尔坦的病情加重，下腹部疼痛。麦克考利医生被请来为他诊治，他是海湾地区的高级医官，住在沙迦的英国空军基地。麦克考利医生每天都会过来，但我伯父的体温不降反升，而且连续不断的呃逆令他痛苦不堪。这种状况持续了数日之后，医生建议我们把伯父转送到孟买治疗。

谢赫苏尔坦·本·萨克尔·卡西米就要启程去印度治病了，我父亲和他的兄弟们，以及谢赫苏尔坦的几个儿子到沙迦机场送别。陪在谢赫苏尔坦身边的是他的三个儿子：穆罕默德、萨利姆、阿卜杜拉，另外还有他的舅舅萨利姆·本·哈米斯·苏瓦迪。机场挤满了两眼含泪、情绪低落的送行的人们，他们不停地祈求，祈求真主保佑谢赫苏尔坦，祈求声哀婉、凄凉。飞机起飞前，我父亲强忍泪水，久久地拥抱着他的哥哥。那一年，谢赫苏尔坦·本·萨克尔·卡西米43岁。

第三章

沙迦代理酋长

交通事故

1949年5月，我的伯父谢赫苏尔坦·本·萨克尔·卡西米去印度治病之后，我父亲代行沙迦酋长国酋长之职。父亲代行职务期间发生的第一次交通事故就与阿卜杜·阿齐兹有关，他是沙迦卡迪（法官）谢赫赛义夫·本·米吉拉德的儿子。我亲眼目睹了事故的全过程。

那天，我们正在出租车站和伊德礼拜场之间的空地上玩“卡巴”，一种类似棒球的游戏。突然，从出租车站那边传来撞击的声音，人们立即围拢过去，还有人在向出事地点跑去，我也在其中。赶到那里时，我从人缝里看到一个人腿断了，血汩汩地流，嘴里还不停地说：“照顾好我的孩子。”

阿卜杜·阿齐兹被抬上一辆车，直奔沙迦的空军基地，那里有一家为英国人开设的医院。我的堂兄哈立德，谢赫苏尔坦·本·萨克尔的儿子，手里拿着步枪上了一辆车，去追赶肇事者。在沙迦城的郊区，希拉附近，哈立德追上肇事车辆，那辆车陷进沙地里，动弹不得。名叫尤努斯的司机已经逃走，几个女人留在车里。这时，去空军基地的那辆车已经返回，带回了阿卜杜·阿齐兹的尸体，他死在去医院的路上。据说阿卜杜·阿齐兹是自己故意站到路中间试图阻挡那辆车的，因为他觉得自己的力量足以阻挡汽车的前进。当时，他嘴里还在念叨着《安萨里》中的句子，那是阿曼的一本关于超自然魔力的书。

沙姆避暑地

1949年的夏天到了，父亲带我们去穆桑达姆的沙姆村避暑，那里靠近哈伊马角和阿曼的边境。把我们送到之后，父亲就回沙迦了，因为那时伯父在印度治病，由我父亲代行酋长职务。哈伊马角的村庄沿着海岸连成一串，沙姆村是最后一个，村子不大。村头是一条沿海岸的细长的沙滩，然后是长着相思树的石滩地，最后是高高的山脉，从东面环抱沙姆村，阻挡海滩向北延伸。让我感兴趣的是，荒无人烟的大山里竟然长着各种各样的无花果：一种是白色的，个儿大，成熟后会流出蜜汁；还有一种是红黑色的，不大，但味道很甜，我们叫它“苏库布”。另外，山上还长着一种叫“米兹”的榛子。

在大山的南边，有一座金字塔形状的山，独立于主山脉，名叫“萨纳姆山”（偶像山）。沙姆的淡水洁净而充沛，取自海岸上一口叫作“比达亚”的水井。我们家的棕榈屋就在海边，在沙姆村外很靠南边的地方，离村子里最南边的房子还有差不多100米。那座房子是沙迦法官谢赫赛义夫·本·穆罕默德·本·米吉拉德家的，他的儿子几个月前死于车祸。谢赫赛义夫并不是唯一一位在沙姆度夏的人，因为夏天来这里的多数都是沙迦人。

在我家对面，一座沙丘从山脚顺坡而下，越过石滩地，一直连到海边的沙滩。这片沙滩完全没有泥土，也没有石砾，沙质细腻，泛着金光。每天早上我都要去爬沙丘，爬到顶上的时候，那里还在大山的阴影下。我是光着脚爬沙丘的，每次都要爬到最高处的沙丘与山坡相接的地方，从那里可以俯瞰掩映在棕榈树中的村庄和白色的沙滩。大海一望无际，海岸像张开的臂膀，迎接一波接着一波涌来的海浪。几只大乌鸦在空中盘旋，我学着它们的样子，张开双臂，用最快的速度冲下沙丘，双脚轻盈、敏捷地划过沙面，一直冲到海滩上。

在沙姆村的时候，我们每天都要到海里游泳，用脚探寻埋在水底沙子里的牡蛎。我们这里把牡蛎叫作“马哈”，它的个头有巴掌那么大，如果感觉踩到了牡蛎，我们就潜到水底，把它挖出来。另外还有一种叫“哈马”的个头稍小的牡蛎。岛上退潮，露出海床的时候，女人们经常会到萨纳姆山西侧的海边，捡拾这种叫“哈马”的小牡顿。经常会有一群女人从我家门前经过，她们头上顶着装满“哈马”的篮子，沿着海滩向北走，到村子里叫卖。

海上风大浪疾的日子里，我们不能下海，只能在岸上玩儿，男孩子和女孩子都有。我们把空罐头盒摆在海浪所能到达的岸上最远的位置。海浪打来，倒塌的空罐随海浪后退，我们赶紧追过去，抢在被海水吞没之前，把它们捡回来。有一次，因为海浪退得太快，谢赫赛义夫·本·米吉拉德的一个女儿没能来得及捡回空罐子，一直跟在后面追。一个浪打过来，就像张开大口的巨兽，小姑娘想退到我们站的位置，但还是被卷进浪里，顷刻间被海水吞没。她会游泳，但还是被海流冲走。这时，她的哥哥纳西尔跳进翻滚的海浪，一把抓住了妹妹，但是海流把他俩都带离了海岸，海面上只有一件黑袍漂着，在浪里时隐时现。

岸上的男孩子和女孩子大声呼叫，附近房子里的人都跑了出来。小姑娘的父亲谢赫赛义夫·本·米吉拉德也赶了过来。我看见他站在岸边，身体倾斜，靠手杖支撑着。他仰面朝天，向真主大声求救，祈求真主救他女儿一命。突然，一个身体强壮的年轻人冲出人群，跳进汹涌的大海。年轻人名叫哈穆德，是沙姆当地人，为谢赫赛义夫·本·米吉拉德做事。我们看见远处有两个人影在不断靠近，人影重叠到一起时，岸上的人们发出欢呼。两个人影离岸边越来越近的时候，人们的欢呼更加热烈，这时已经可以清楚地看见那个年轻人迎着风浪，双臂奋力划水，背上驮着谢赫赛义夫的女儿和儿子。他们终于上了岸，年轻人把两个孩子从背上放下，自己也筋疲力尽地摔倒在海滩上，倒在被救起的两个人中间。对于当时在海边的所有人，那是一个无比欢乐的时刻。

我的学校

夏季结束了，我们回到沙迦。（棕榈屋校舍的）卡西米亚伊斯拉学校开门迎接1949—1950学年的到来，大多数学生和全部的老师都回到了学校。但校长穆罕默德·本·阿里·马哈茂德先生去卡塔尔教书了，接替他的新校长是穆巴拉克·本·赛义夫·纳西先生。我被编入二年级，班上已经没有年纪大的学生，因为他们在这个学校的学习已经结束。1950年6月，我们完成了在卡西米亚伊斯拉学校的学业，这时传来消息说，谢赫苏尔坦·本·萨克尔·卡西米已经在印度医院做完最后一次手术，正在商定回国的日期，时间定在伊斯兰教历1369年9月底以后，即公历1950年7月。

我父亲买下了萨利姆·本·苏尔坦·本·萨利姆·卡西米（哈伊马角酋长的儿子）在古卜村的一个农庄，上面的房屋也一并买下。1948年发生政变时，萨利姆·本·苏尔坦·卡西米正代他父亲行使哈伊马角酋长之责，后来乘船从哈伊马角逃到沙迦，并定居下来。1950年夏天，我父亲带我们去哈伊马角避暑，在那里与我们同住数日后返回沙迦，因为他那时正代他哥哥行使酋长之责，并且正在筹备哥哥从印度返国的欢迎仪式。但是，他哥哥永远都没能回来。

在哈伊马角度夏之后，我们回到沙迦，发现卡西米亚伊斯拉学校的棕榈屋校舍已被一座珊瑚和石膏砌成的建筑所取代。这座房子以前属于沙迦有名的商人伊斯梅尔·布莱米，他做草药生意，还登记沙迦城的人口出生。有生孩子的人家到他那里买草药和其他药品时，他会记下孩子的姓名和出生日期。伯父谢赫苏尔坦·本·萨克尔·卡西米买下了伊斯梅尔的房子，用来取代漏雨严重的棕榈屋校舍。下雨的时候，棕榈屋房顶漏得像筛子。

新换的校舍有五间男生教室和一间带棕榈叶门帘的女生教室，另外还有一间图书室。记得那是1950—1951学年，学校有了许多变化：校名由“卡西米亚伊斯拉学校”改成“卡西米亚学校”；学校有了女生班和图书室，还有一些藏书。五年级的学生已经毕业，四年级的好学生升入五年级；新入学的学生读一年级，我当时在二年级，接下来会升入三年级。

新学年开学的时候，我们没有见到校长穆巴拉克·本·赛义夫·纳西先生，听说他去卡塔尔教书了，艾哈迈德·本·穆罕默德·阿布·鲁海玛先生将成为新校长。

将近1950年底的时候，一天在去商店的路上，我遇见一位印度艺术家。他告诉我他有“BA”，但我不明白“BA”是什么。接着他告诉我，他是画家，愿意为我作画，什么都可以画，交换条件是一张回印度的轮船票。我带画家去见我父亲，并把画家的想法告诉了他。我建议画家在楼上卧房的墙上作画。

父亲很赞同我的想法，写了封信让我带给颜料店的老板，然后我们买回了几桶不同颜色的颜料和一些画笔。

画家在卧房的墙上作画，我在一边帮忙。图画让房间显得更加明亮、漂亮。父亲看了他房间墙上的画，便给了画家一些钱，用作他回国的资费。

匪患

伯父离国期间，我父亲代行他的职责。除此之外，父亲还要负责沙迦的治安。那时候，匪患日甚，时有土匪袭扰，最近的一次发生在距沙迦只有两英里的地方。有传言说，理查德·汉金-特文少校已经到了沙迦，他是驻约旦的阿拉伯军团的军官。还有人说，英国人将在沙迦招兵组建军队。为了打消心中的疑虑，我父亲要求到皇家空军基地看看英国军营。但是，父亲在那里并没有见到汉金-特文少校。

为了商讨征兵和穿阿拉伯军服的英国人进入沙迦之事，父亲邀请沙迦英国代表处的政治官帕特里克·司徒巴特到家中赴午宴。

谈到土匪袭扰，父亲很生气，他说：“英国人只关心海岸地区，以为全面控制了这一地区，就能万事大吉。只要这种状况不改变，匪帮就不会停止袭扰，因为英国人没能控制好内陆地区。”

父亲成功抓捕了一名匪徒，这家伙在沙漠里抢劫过往车辆，还绑架儿童卖为奴隶。匪徒被关押在沙迦城堡内的马赫鲁萨监狱，父亲带着我去见过他。

马赫鲁萨监狱的门通向城堡的一个内院，院子在一扇叫“伊斯巴”的大门后面，大门的戒备极其森严。我们从大门进入内院的时候，并不怎么能听到犯人的声音。监狱的门在一条狭窄过道的尽头，里面漆黑一片，看不清门的形状。监狱的木门很厚实，里面的声音传不出来。我和父亲站在门前，看守打开一把大锁，推开两扇厚重的木门。父亲走了进去，我和看守跟在后面。监狱里很暗，而且恶臭扑鼻，天花板上一盏昏暗的灯是唯一的光源。我们走近一个头朝下吊着的人，他的腿被绑着，身体倒挂在一根立柱上，除了一块腰布，他身上啥也没穿，而且双手被死死地绑在背后。粪便顺着他的后背流淌下来，黏在后脑勺上；小便顺着他的肚皮和前胸往下流，一直流到他的胡子上，胡子湿乎乎的。那人不停地重复着一句话：“杀了我吧，谢赫穆罕默德！不要折磨我！”我父亲回答说：“我要让你成为别人的榜样！”

于是，我父亲下令把匪徒拉出监狱示众。但是让他上车的时候，骨瘦如柴的他已经虚弱得连一步也走不动了。

谢赫苏尔坦·本·萨克尔·卡西米去世

1951年初，医生建议谢赫苏尔坦·本·萨克尔·卡西米去伦敦接受尿路和直肠手术。他的病情非常复杂，严重的病症影响到了膀胱和大肠之间的部位。前后18个月，谢赫苏尔坦在印度做过五次手术，但结果都不太理想。

1951年2月8日，星期四，谢赫苏尔坦·本·萨克尔·卡西米乘坐印度国家航空公司的班机从孟买飞往伦敦接受治疗。他的儿子哈立德和穆罕默德陪同前往，另外还有医学顾问M.K.马萨尼医生。到达希斯罗机场后，他接受了检查，直接进入著名的伦敦医院。

从伦敦传回沙迦的消息说，只需一个月的治疗，谢赫苏尔坦的健康状况就会有明显好转。这个消息让他的家人和沙迦人民倍感欣慰。

但是，1951年3月23日，谢赫苏尔坦·本·萨克尔·卡西米在伦敦医院接受手术后突然去世，年仅45岁。经决定，他的埋体将安葬在沙迦。

沙迦新酋长：谢赫穆罕默德·本·萨克尔·卡西米

伯父在印度和英国治病的两年间，我父亲代他行使酋长职务。伯父就任酋长以来，我父亲一直是他的副手，负责安全事务。沙迦出现危机时，人们总是把目光投向他。谢赫苏尔坦·本·萨克尔·卡西米去世后，沙迦的领导权转交给我父亲，1951年3月23日举行了交接仪式。3月24日是星期六，我父亲接见了前来吊唁的人们，他们对我伯父的去世表示哀悼，向我父亲表示慰问。

第二天，我父亲给几位酋长和谢赫写信，通知他们，他已经接替去世的兄长谢赫苏尔坦·本·萨克尔·卡西米，成为新任沙迦酋长。

3月26日的晚上，已故酋长之子，我的堂兄谢赫萨克尔·本·苏尔坦·卡西米，前去面见驻沙迦英国代表处的政治官约翰·威尔顿先生。萨克尔宣称，他的叔父以欺骗的手段接任酋长，这是谢赫苏尔坦·本·萨利姆·卡西米（哈伊马角前任酋长）和米德法家族（首辅大臣易卜拉欣·米德法家族）精心策划的阴谋，与卡西米家族和沙迦人民的愿望背道而驰。

威尔顿先生回答说，谢赫穆罕默德接任酋长是顺理成章、政通人和的事。他问谢赫萨克尔是否有证据证明他的指控，谢赫萨克尔回答说，这是人人皆知的事，他的全部要求就是公正，因为他无疑是正确的。他还说，米德法家族接收了全部的国家财富，而谢赫苏尔坦的孩子和他的家人只能温饱度日，这是不能接受的。

威尔顿先生说，如果情况果真如此，如果谢赫穆罕默德接任酋长违背家族和人民的意愿，那么为什么英国人没有听说卡西米家族正在采取步骤，让公众了解真相呢？

谢赫萨克尔答道："他们害怕谢赫穆罕默德。他借谢赫苏尔坦·本·萨利姆·卡西米之口放话说，特鲁西尔阿曼监察部队（新组建的英国和阿拉伯军团）将会镇压任何反对他们计划的人。"威尔顿先生的回答是，组建军团并不是为了扶持谢赫穆罕默德，或任何人上台执政。

威尔顿先生再次问谢赫萨克尔，他的指控是否有真凭实据。

谢赫萨克尔说："我的家族会给您写一封信，声明他们希望萨克尔，而不是穆罕默德，成为他们的酋长。"

那天晚上，谢赫萨克尔·本·苏尔坦·卡西米刚离开英国代表处，沙迦城的各个方向就传来武装士兵的叫喊声，通知沙迦居民第二天都到城堡去，第二天是1951年3月27日，星期二。我们听见士兵在喊："沙迦的百姓们……明天早上大家都要去城堡，向沙迦酋长谢赫穆罕默德·本·萨克尔·卡西米表示你们的忠心！"

3月27日早上，人们聚集到城堡前，祝贺谢赫穆罕默德就任酋长。在同一时间，一位家住布莱米的老者，谢赫阿卜杜拉·本·阿卜杜勒-阿齐兹·纳吉迪，来到英国代表处，面见英国政治官约翰·威尔顿先生。

威尔顿先生说，谢赫阿卜杜拉·纳吉迪一再向他重复萨克尔前一天的说辞。他还对穆罕默德·本·萨克尔和苏尔坦·本·萨利姆的人格冷嘲热讽，并且建议威尔顿先生立即驱逐后者。

威尔顿先生还说，他已经明确告诉纳吉迪，谢赫苏尔坦·本·萨利姆就在沙迦，他来参加堂兄的殡礼。纳吉迪回答说："这样正好……但必须尽快把他弄走。你会发现，一旦把他赶走，问题就解决了。"

英国人不喜欢谢赫苏尔坦·本·萨利姆，他曾向英国人开枪，而且是向英国驻巴林的政治代表佩里先生和驻沙迦的政治官开枪。英国人也知道谢赫穆罕默德·本·萨克尔·卡西米很有实力，反对英国人的很多做法。

但是，威尔顿说，他个人觉得穆罕默德可能会证明自己是一个强有力的执政者，谢赫苏尔坦·本·萨利姆没有能力对他施加影响，怂恿他做出某种不利于英国的恶行，因为穆罕默德的本性并不暴力。也就是说，如果穆罕默德执政时有恶行发生，那只是因为他对恶行作出反应的方式有缺陷，而不会是因为别的原因。

1951年3月28日上午，在新任沙迦酋长谢赫穆罕默德·本·萨克尔·卡西米的带领下，卡西米家族的男女老幼聚集在楼上大厅和大厅前的走廊上。在场的还有哈伊马角的前任酋长谢赫苏尔坦·本·萨利姆·卡西米，以及已故酋长的首辅大臣易卜拉欣·本·穆罕默德·米德法。英国政治官约翰·威尔顿先生也前来向谢赫穆罕默德表达敬意。

第二天上午，卡西米家族再次聚会，谢赫苏尔坦·本·萨利姆·卡西米和易卜拉欣·米德法第二次到场。第二次到场的还有英国政治代表，他特意前来转达驻巴林的英国副政治代表C.J.佩里的敬意。易卜拉欣·米德法起身致辞，他在致辞中赞颂了已故酋长苏尔坦·本·萨克尔，在致辞的结尾，他希望谢赫穆罕默德能延续兄长的路线，像兄长治下那样，与英王陛下的政府精诚合作，共同收获友谊之果。

英国政治代表离开时，谢赫穆罕默德·本·萨克尔·卡西米请他转告自己对驻巴林英国政治官佩里先生的谢意，感谢他对亡兄的悼念，同时也请他传达他愿与英国政府全面合作的意愿。

所有的活动和仪式，谢赫萨克尔·本·苏尔坦·卡西米都悉数参加。他向英国政治官表达了自己的丧父之痛，并问到了他父亲的埋体回国安葬的事宜。

在伦敦，已故酋长的埋体被清洗和包裹后，放入匣子，准备运回沙迦。1951年3月30日，已故谢赫苏尔坦·本·萨克尔·卡西米的两个儿子，哈立德·本·苏尔坦和穆罕默德·本·苏尔坦到了伦敦医院，接收父亲的埋体。埋体将由伊拉克石油公司包租的飞机空运回沙迦。这家公司被允许在沙迦开采石油。

沙迦的老百姓把伊拉克石油公司称作“勒米特”，这是石油公司经理的名字。哈立德和穆罕默德由一个名叫穆尼尔·沙马的阿拉伯人陪同，此人是BBC中东台的雇员，担任此行的翻译，事后将原机返回伦敦。英国外交部东方司的海湾事务助理C.M.罗斯前来与哈立德和穆罕默德话别。已故酋长在伦敦治疗期间，罗斯负责照顾酋长和他的两个儿子的生活。他把征召当地人入伍的事告诉了哈立德和穆罕默德，并且说，因为那里有英国的空军基地，监察部队的司令部将设在沙迦。

驻巴林的英国政治官曾经向罗斯询问已故酋长的儿子哈立德对继位的看法，罗斯回答说："我问哈立德这个问题时，他说他确信他叔父将会接任他父亲的酋长职位。他还告诉我，如果他哥哥继父亲的位，也不会有问题，因为这是已经定下的事情，老百姓也希望如此。"

哈立德不太喜欢萨克尔，但对叔父却很敬重，最终继位的也正是他的叔父。

安葬逝者

有消息说，运送已故酋长埋体的飞机已从伦敦起飞，正在飞往沙迦。

1951年4月的第二个星期一的上午，运送已故酋长谢赫苏尔坦·本·萨克尔·卡西米埋体的飞机降落在沙迦机场。哈立德和穆罕默德走下飞机的舷梯，穆尼尔·沙马跟在后面。我的父亲紧紧拥抱了两个侄子，他们哭出了声，我父亲也流下了眼泪。当时，我紧紧地靠在父亲身边。

埋体装在光亮的棕色匣子中，匣子的两侧有古铜色的把手。被搬上一辆敞篷军用"路虎"越野车后，匣子从空军基地运往大清真寺。在伦敦时，埋体已经按伊斯兰习俗进行了清洗和包裹。到清真寺后，埋体被从匣子中取出，放在停尸架上。在为逝者的祈祷声中，停尸架被扛在肩上，送往朱拜勒墓地。人群跟在出殡队伍的后面，其中包括已故酋长的兄弟和他们的孩子，我也在他们中间，大家眼里都含着泪水。到墓地时，墓穴已准备好。埋体从架子上抬下时，有人注意到埋体有血水渗出，我看到渗血的部位是腹部。

埋体被停放在挖好的墓穴前，我父亲进了墓穴，开始和另外几个抬埋体的人一道松开裹尸布的绳子。父亲俯身在埋体上，抽泣不已。安葬仪式结束时，人们回到城堡，凭吊亡者。

那一天，天色阴沉，刮着我们称作“苏海利”的强劲的南风，漫天尘土。那时候的人们相信，扬尘天不吉利。看来的确如此。

权力斗争

出殡和安葬仪式结束后，沙迦的英国政治代表威尔顿先生给巴林的政治代表写了一封信。其中有一段是这样写的：

> 拜访了海湾地区的英国公使阁下后，我于4月2日星期一，从迪拜回到沙迦，发现殡礼仪式已在当天上午结束。哈立德和穆罕默德护送他们父亲的埋体从伦敦返回沙迦后，一刻没有耽搁，要求尽快见到我和萨克尔。哈立德和穆罕默德对萨克尔未能继位表示惊讶。他们说，萨克尔应该做他必须做的事，除此之外，他们不希望看到其他结果。

威尔顿先生在信中还说，自从上次哈立德和罗斯谈话后，哈立德似乎已经改变了主意。起初，哈立德并不确信萨克尔是否会善待自己；但是后来，萨克尔用了个计谋，承诺立哈立德为王储。英国在沙迦的政治代表威尔顿先生给哈伊马角酋长谢赫萨克尔的父亲，谢赫穆罕默德·本·萨利姆·卡西米写了一封信，请他做沙迦争议双方的调停人。

1951年4月5日，星期四。谢赫穆罕默德·本·萨利姆·卡西米到了沙迦，并在英国代表处会晤了威尔顿先生，就如何达成争议双方都能接受的解决方案，征求他的意见。

4月6日星期五，谢赫穆罕默德·本·萨利姆·卡西米穿梭来往于沙迦城堡、谢赫穆罕默德·本·萨克尔·卡西米家和谢赫马吉德·本·萨克尔·卡西米家。谢赫萨克尔·本·苏尔坦·卡西米住在沙迦城堡；而他的几位叔伯，谢赫穆罕默德·本·萨利姆·卡西米的兄弟，则在谢赫马吉德的家里。除谢赫马吉德之外，还有谢赫胡迈德、谢赫拉希德和谢赫哈立德·本·哈立德·卡西米。

4月7日，谢赫穆罕默德·本·萨利姆·卡西米在沙迦的英国代表处会晤了威尔顿先生，向他通告了双方坚持的几点意见：

1. 谢赫萨克尔·本·苏尔坦·卡西米必须立即被指定为其父的继任者，不接受除此以外的任何条件。

2. 谢赫穆罕默德·本·萨克尔·卡西米谈到自己会在一两年后退休，但他目前不会这样做。

3. 几位叔父无法找到解决问题的方法。谢赫穆罕默德·本·萨利姆·卡西米向威尔顿先生建议，由几位叔父与他面商此事。几经商议后，这几位叔伯将与威尔顿先生见面的时间定在1951年4月12日星期四。

沙迦在焦急中度过了七天后，谢赫萨克尔·本·苏尔坦·卡西米与他的兄弟们在沙迦城堡会面；我父亲谢赫穆罕默德·本·萨克尔·卡西米，则在自己家里与他的兄弟们见面。

1951年4月12日，星期四。上午九点半，谢赫马吉德、谢赫胡迈德、谢赫拉希德等几位叔父，还有谢赫哈立德·本·哈立德·卡西米一起来到沙迦的英国代表处，与威尔顿先生见面。见面结束的时候，他们一致宣称应将此事交由英国政府做最后的裁决。于是，威尔顿先生决定把卡西米家族的所有成员都召集到英国代表处。

1951年4月13日，星期五。那天一大早，除两个竞争对手外，卡西米家族的成员悉数来到沙迦的英国代表处。威尔顿先生非常明确地告诉他们，这个决定必须由卡西米家族自己做出，而不是其他任何一方。说完他就离开了，让谢赫穆罕默德·本·萨利姆·卡西米牵头，做出家族的最终决定。一直等到午礼时间，他们也没能做出决定，只是说他们希望继任酋长应该是一位能够证明自己是众望所归的人。

威尔顿先生在给驻巴林的英国公使的信中写道："如果卡西米家族强烈推举萨克尔继位，而穆罕默德却毫不让步，我不知该如何处理此事。我认为在这种情况下，我们应该正式宣布承认萨克尔，而拒绝与穆罕默德做任何交易。穆罕默德也许会在我们不使用武力的情况下，接受这样的安排。"

到了1951年4月14日，谢赫萨克尔·本·苏尔坦·卡西米意识到，没有哪位叔父会对他承诺任何事情，而且家族会议很可能会把这件事无限期拖延下去。带着这样的想法，他去了英国代表处面见威尔顿先生。萨克尔问威尔顿，如果他在国内做一次旅行，以谋求各地知名人士的支持，英国政府是否会介意他这样做，威尔顿先生又会在多大程度上听从他们的意愿。

威尔顿先生的回答是，没有人反对他这样做，他还向萨克尔保证，他愿意听听各地知名人士关于继位之事的看法，了解大众的意愿是再好不过的事。

1951年4月15日，星期天，谢赫萨克尔·本·苏尔坦·卡西米与沙迦城里的一些名门望族进行了接触，要求他们去英国代表处投他的支持票。在随后的两天里，萨克尔照此行事。

到了1951年4月16日，星期一，谢赫萨克尔·本·苏尔坦·卡西米在沙迦进行民意调查的做法，着实让谢赫穆罕默德·本·萨克尔·卡西米感到困扰。沙迦民情混乱，严重损害了卡西米家族的声誉。那天夜里，谢赫穆罕默德来到阿里·布斯塔尼先生的住处，后者是英国政治官的助手。谢赫穆罕默德试图说服阿里·布斯塔尼先生出面，担任他与萨克尔谈判的中间人，谈判内容事关他退位后的津贴。但是，阿里·布斯塔尼先生更赞同与谢赫穆罕默德·本·萨利姆·卡西米商量此事。

沙迦酋长：谢赫萨克尔·本·苏尔坦·卡西米

1951年4月17日，星期二。上午，我父亲谢赫穆罕默德·本·萨克尔·卡西米把他的兄弟们叫到家中，召开了一次闭门会议。

父亲事后对我们说：

> 我要求我的兄弟们取下武器，然后跟我一起去沙迦城堡见谢赫萨克尔·本·苏尔坦·卡西米。在城堡的前门，警卫在确信我们没有武器后，才打开大门。他们一直从两道门缝向外看，如果有人想强行进入，将被击毙。门开的时候，我们看见萨克尔站在门口。他看见我

> 的时候，大声叫我“叔父”，并行了吻礼，还不停地说他不会挑战我的权威。这时候，我确信阿里·布斯塔尼先生已经把我准备妥协的决定告诉了萨克尔。

我父亲说：“我们和萨克尔入座后，我对他说：‘恢复这个规矩是必然的，不要以为是英国人使你成为酋长，我才是让你成为酋长的人。尽力去做事情吧！遇到了困难，来找我和你的叔父们，我们会帮你的。’”

父亲说，萨克尔的几位叔父向他表达了希望他继任酋长的祝愿，之后，萨克尔吻了我的父亲和他的几位叔父。我父亲正说着话的时候，城堡前的大炮响了五响。谢赫穆罕默德·本·萨利姆·卡西米听到炮声后，跑到了我们家，紧接着又离开了，去了城堡，然后又从城堡去了英国代表处威尔顿先生那里，带给他两封信。一封是我父亲谢赫穆罕默德·本·萨克尔·卡西米的辞职信，宣布自己将让位；另一封是谢赫萨克尔·本·苏尔坦·卡西米的就职信，宣布将继任酋长。那一年萨克尔28岁。

1951年5月2日，那天是星期三。我们离开卡西米亚学校，来到城堡的前院，在那里升起了沙迦国旗。领着我们的是校长艾哈迈德·本·穆罕默德·阿布·鲁海玛先生和几位教师。我们发现城堡门前搭起了一座帐篷，校长让我们从东向西在城堡前排成几列，我们面前的地上画着几道白线，将我们与帐篷隔开。皇家空军和监察部队的士兵到达了沙迦城，他们把我们带到城堡门口，让我们站成一排，与城堡平行。

英国宣布承认谢赫萨克尔·本·苏尔坦·卡西米继任沙迦酋长的仪式将在这里举行，仪式的程序是这样的：

1. 皇家空军和监察部队的护卫队进入哨位，他们在城堡前沿画线区域的三边列队站立。临时搭起的帐篷内有为酋长们专设的座位，一些欧洲人已经就座。

2. 英国驻海湾政治公使及其随员到达仪式现场，就座。

3. 谢赫萨克尔从棕榈枝搭建的拱门下走出城堡，接受人们的欢迎和致意，并检阅仪仗队。接下来，英国驻海湾政治公使起身迎接萨克尔，并一直陪他走到座位旁，在右侧就座。萨克尔的随员们也随即在帐篷的右侧坐下。

4. 英国驻海湾政治公使发表演说，宣布英国政府承认谢赫萨克尔·本·苏尔坦·卡西米世袭其父的沙迦酋长职位。

5. 沙迦新任酋长谢赫萨克尔·本·苏尔坦·卡西米发表演说，宣誓尊重其父与英国政府签订的各项协议。

6. 在人们的致意中，英国驻海湾政治公使和随行人员离场。

7. 在人们的致意中，酋长殿下步入城堡。

我父亲避开了所有的庆典活动。在发生了一个小插曲后，父亲也未能出现在谢赫萨克尔·本·苏尔坦·卡西米在城堡里的马吉利斯。那一天，有一个人前来投诉，他坐在我父亲面前讲述自己受到的不公正待遇。突然，谢赫萨克尔·本·苏尔坦·卡西米对这个人大声喊道："我是酋长，不是他！过来，到我这边来！"

1951年5月底，沙迦的卡西米亚学校放假了。父亲带我们去哈伊马角的古卜度夏。那时我已经跟法迪勒先生学会背诵全部的《古兰经》，当时的习俗是，谁学会背诵《古兰经》，谁就要请老师和同学吃饭。

在哈伊马角的古卜，我的姐姐谢哈·宾特·穆罕默德·卡西米出嫁了。由于伯父谢赫苏尔坦·本·萨克尔·卡西米的患病和病故，姐姐的婚礼推迟了两年。新郎是已故伯父的儿子谢赫哈立德，他曾陪同他的父亲在印度和英国治病。1951年的整个夏天，父亲都和我们待在哈伊马角的古卜。

第四章

沙迦的教育

那一时期我在沙迦的教育经历了五个发展阶段。

第一阶段：1951—1952学年

哈伊马角度夏后，我们回到了沙迦，回到了卡西米亚学校。学校那时已搬进布莱米家的宅院。时间是1951年的9月，我上四年级，新老师阿卜杜拉·凯瓦尼先生代替了法迪勒先生。学校的新校长是艾哈迈德·本·穆罕默德·阿布·鲁海玛先生。四年级开学几天后，新校长带着一位清瘦的年轻人进了教室，并把他介绍给我们：

这位是纳斯尔·泰伊先生，担任四、五年级的英文老师。因为五年级学生很少，四年级学生却很多，你们当中的一些人会升入五年级，这样就可以达到五年级学生人数的要求。

纳斯尔先生对学生逐一进行英语测试。轮到我的时候，我走到黑板前面，他念了一句诗，让我听写：

If the man has not had his reputation tarnished by being mean-spirited, whatever he wears is beautiful.

（如果一个人的名誉尚未被自私所玷污，他无论穿什么衣服都会很漂亮。）

口语测试结束后，校长和英文老师离开了四年级教室，我是唯一一个跟着他们去五年级的学生。

五年级的学生都比我年龄大，他们都在我之前学过算术。那时候算术是用来做生意的。我们的班主任老师艾哈迈德·阿布·鲁海玛先生指定了一位同学为我讲解基本的算术知识，他名叫穆罕默德·哈比卜·优素福，他讲得很好。

英文老师纳斯尔·泰伊先生对学生要求很严，除我一人幸免外，所有的人都被他罚过。纳斯尔·泰伊先生对我很好。课本数量有限，不得不两个学生合用一本书，家住沙迦城南的学生A可能会和住在城北的学生B合用。不管什么时间纳斯尔先生向学生B提问课本中的内容，得到的回答总是“不在我那一半”。这个回答在英语课上被一遍又一遍地重复着，最后，纳斯尔先生问学生们为什么总是在说“我那一半”。学生B回答说：“我家住在沙迦城的北边，他家在沙迦城的南边，我们俩怎么可能一起写家庭作业呢？于是，我们把课本一分为二，不幸的是我那一半没有我们正在学习的内容。”

1951年11月的一个上午，科威特埃米尔，谢赫阿卜杜拉·萨利姆·萨巴赫访问沙迦。在我堂兄谢赫萨克尔·本·苏尔坦·卡西米的马吉利斯里，艾哈迈德·阿布·鲁海玛先生带来

沙迦的教育的一名学生向谢赫阿卜杜拉致欢迎辞。这位学生名叫塔里亚姆·本·奥姆兰，他在欢迎辞中代表沙迦的学生，要求为学校增加课本和教师。

谢赫阿卜杜拉·萨利姆·萨巴赫离开城堡大门的时候，见到了一队由艾哈迈德·阿布·鲁海玛先生带领的五年级的学生。谢赫阿卜杜拉上车前，向我们欠身致意，陪同他的是科威特教育大臣阿卜杜拉·贾比尔·萨巴赫。谢赫阿卜杜拉对艾哈迈德·阿布·鲁海玛先生说："老师，你们的请求我已转达给了阿卜杜拉·贾比尔·萨巴赫。"

从那一刻起，我们一整天都欢天喜地，学生和老师们热切地期盼着来自科威特的援助。送给图书室的书籍要从埃及经印度运来，从埃及海运到沙迦通常需要几个星期的时间。

1951年12月的一个上午，学生们都去上课了。有人告诉校长艾哈迈德·阿布·鲁海玛先生，三年级的老师法迪勒先生没来学校。校长还兼任着我们的班主任。

艾哈迈德·阿布·鲁海玛先生问我们："你们有没有谁知道法迪勒先生家住哪里？"

我答道："我知道。他家离我家很近。"

校长对我说："你去他家一趟，问问他今天为什么没来学校。"

我说："今天晨礼的时候，他还和我们在一起的。"

我从学校出来，径直去了法迪勒先生家。他家房门好像关着，但一推，门就开了。法迪勒先生家只有一个房间，房门开着。我进了房间，发现法迪勒先生靠墙倒着，腿伸在身体前面。他双目圆睁，直勾勾地看着我。"法迪勒先生！法迪勒先生！"我不停地大声喊他的名字，但是没有回应。我使劲拽他的一条腿，他还是一动不动。

"法迪勒先生死了！法迪勒先生死了！"

我大哭起来，一边哭，一边回学校，口中不停说着："法迪勒先生死了！法迪勒先生死了！”

见到艾哈迈德·阿布·鲁海玛先生，我的第一句话也是：

“法迪勒先生死了！”

校长听罢跳了起来，立即召集几位老师，直奔法迪勒先生家。法迪勒先生的埋体被清洗干净，用裹尸布包起来，然后被抬到贝都因人的清真寺。清真寺就在卡西米亚学校的前面。那天午礼后，学校的老师、学生，还有市民自发为法迪勒先生做祈祷。之后埋体就入埋了，学生们也放了假。

1952年3月，一个科威特教育代表团访问了沙迦的卡西米亚学校，代表团团长是科威特的著名商人优素福·弗莱迦。代表团此行的目的是考察学校的教育水平和学生人数。在欢迎仪式上，有学生背诵诗歌，也有学生上台演讲。纳斯尔·泰伊先生为我用英文写了一篇演讲稿，我的演讲受到了在场所有人的欢迎。

1952年4月，英文老师纳斯尔·泰伊先生因为体罚学生，被学校除名了。只要有学生在他的课上犯了错，他就会把一种叫“法拉卡”的木棒绑在这个学生的一条腿上，然后把这条腿抬高，再用力抽打学生的脚掌。另外一种惩罚是，他让犯错的学生蹲在地上，双手高高举起两块珊瑚石。还有第三种惩罚方式，他把两块写字板挂在学生的身上，前胸和后背各一块，上面写着“我懒惰。看着我，嘲笑我吧！”如果惩罚严厉的话，写字板上则会写着“我是一头驴。看着我，嘲笑我吧！”受罚的学生会被带到教室前示众，遭到同学的嘲笑和捉弄。

纳斯尔先生还禁止在英语课上讲阿拉伯语，只能讲英语。如果谁讲了阿拉伯语，纳斯尔先生就会发给他一块特别的圆形木牌，并罚款2安那（1安那等于1/16卢比）。1安那分给前一个领到木牌的学生，另外1安那放入一个钱盒子里。每次有人讲了阿拉伯语，同学们就会起哄说：“奖他一块木牌！”

那时候是学校第一次开设英文课。为了逃避惩罚，在英语课上同学之间常用各种手势交流。有一次，纳斯尔·泰伊先生要求学生用英语解释一个阿拉伯语单词，最后一排的一位同学举起手来，迫不及待地挥动着食指，示意老师让他回答。教室里没有别人举手，所以全班同学都把目光转向了他。于是，这位同学开始用手比划起来：他用食指指着前胸，表示“我’接下来，食指向前，中指朝下，那只手前后移动，食指和中指交替上下，意思是“走”；最后，他把大拇指搭在食指上，在小腹的位置前后移动，意思是“小便”。全班同学哄堂大笑！有人大声提议：“用英语笑！”结果，提议的同学受到了惩罚。纳斯尔·泰伊先生有一次抽打了沙特·本·苏尔坦·卡西米的双手，以示惩罚。上四年级的沙特向他的哥哥，沙迦酋长谢赫萨克尔·本·苏尔坦·卡西米告了纳斯尔先生一状，并悉数说出学校里发生的事情。因为这个原因，纳斯尔·泰伊先生被从学校开除，并被驱逐出沙迦。

到卡西米亚学校的学期结束只剩几个星期的时候，沙迦英国代表处的助理政治官马丁·巴克马斯特放弃晚上休息时间，到学校教英语课。但是不久，英国代表处雇员贾西姆·本·穆罕默德·本·贾西姆就代替了巴克马斯特先生。贾西姆也没教多久，因为学校很快就要放暑假。那年是1952年，5月底放的暑假。

那年暑假仍然是在哈伊马角的古卜度过，和我们在一起的还有从利雅得回来的马特·法鲁兹，他一直在那里的一所学院学习伊斯兰教法。

马特·法鲁兹是个孤儿。1935年底，沙迦和其他几个酋长国爆发了天花病，马特·法鲁兹不幸被传染。起初决定像对待其他天花病人那样，把他送到隔离所。隔离所被称为“穆迦德”，意为“天花之地”。我父亲得知此事后，要求把马特带到我们家，但我母亲担心自己的孩子被传染，我父亲说：“这孩子的眼睛已经瞎了，要是送到隔离所，我们能把他交给谁照顾呢？我只能自己负责这孩子的治疗。”

我父亲自己为马特治病，直至他康复。接下来，接送马特上下学的任务交给了我姐姐谢哈。法里斯是教《古兰经》的老师，我姐姐把马特送到他的学校，放学后再把他接回家。马特在法里斯那里学会背诵全部《古兰经》后，我父亲把他送到利雅得的一所伊斯兰学院，完成他的学业。

在古卜的时候，马特住在我们家的马吉利斯里。这个马吉利斯实际上是一间小棚屋，棕榈枝叶的屋顶。我习惯于每天一大早拉着他的手，散步到很远的地方，我就是他的眼睛。马特会给我讲先知穆罕默德的故事和他立下的一些伊斯兰传统。有时候，马特会为我背诵诗歌，多数是一些格言警句和至理名言。

第二阶段：1952—1953学年

重回卡西米亚学校的时候，我发现又有了许多变化。

首先，校长艾哈迈德·本·穆罕默德·阿布·鲁海玛先生离开学校，去沙特旅行了。

第二，学生也有了变化：一些老生参加了刚成立的特鲁西尔阿曼童子军；还有一些老生到英国空军基地做事；塔里亚姆·本·奥姆兰和他的弟弟阿卜杜拉去了科威特的亲戚家，并在那里的学校上学；穆罕默德·本·哈马德·沙姆希转学到了巴林，他家住在巴林的中部。

阿里·本·穆罕默德·阿布·鲁海玛是我们班年龄最大的学生，是校长艾哈迈德·本·穆罕默德·阿布·鲁海玛先生的弟弟，他成了五年级的老师。班上的一些学生和我一样，是从四年级转过来的。开学了，我又回到了同学中间。

那时候，我们的老师阿里·阿布·鲁海玛先生已经开始创作卡西米亚学校的第一个剧本，剧名是《拾柴者和苏尔坦的女儿》，他本人也在剧中扮演角色。

前文提到过，卡西米亚学校的校舍是谢赫苏尔坦·本·萨克尔·卡西米从伊斯梅尔·布莱米手上买下的。谢赫苏尔坦·本·萨克尔·卡西米去世后，这处房产由他的遗孀谢哈米拉·宾特·穆罕默德·苏瓦迪继承。如今她要求学校归还房产。

在谢赫们的居住区有一处大宅院，属于穆罕默德·本·阿里·本·卡米勒。他的女儿，也就是萨利姆·本·阿卜杜勒-拉赫曼·米德法的母亲，就是在这座房子里去世的。女儿死后，穆罕默德·本·卡米勒搬到别处居住，房子被弃置。于是，新酋长萨克尔·本·苏尔坦·卡西米买下了伊本·卡米勒的房子，卡西米亚学校随即迁到此处。一道棕榈树枝的篱笆将房子的北半边隔开，学校女生部搬到了那里。

新校长伊斯梅尔先生是从巴林请来的。他让年龄稍大的学生穿上短裤，带着他们游览沙迦城的街道，晚上还为市民表演体育项目，大家都跑来观看。一些保守的市民对这种做法表示抗议，还威胁要把自己的孩子从学校领回家。于是伊斯梅尔先生建议，学生晚上停止活动；体育活动改在校园内，并在法定的工作时间进行。

1953年初，两位夫人从阿曼来到沙迦。她们中一位是有着一条木头假腿的莎拉·郝思曼，另一位是玛丽亚姆·哈图恩，来自阿曼的“美国布道团”。她们从我父亲那里租下西尔科勒家的房子，然后改造成一家妇产医院，后来被叫作“莎拉·郝思曼医院”。那时候，沙迦的大多数新生儿都降生在这家医院。

卡西米亚学校放暑假的时候，和往年一样，父亲带我们去哈伊马角的古卜度夏。这次，因为我父亲准备晚些时候再回沙迦，就有人告诫他：“沙迦城不喜欢迟归的人。”他们的意思是说，长期在外不归的人会被诅咒，得上一种有发烧症状的病。

一般老百姓不明白这是为什么，但我父亲知道这是因为蚊子，那时候到处都是蚊子。所以父亲采取了必要的预防措施。

我们这次在古卜度夏的时间比以往要长。一天，有人告诉我们“纳鲁孜”节快到了。在老百姓眼里“纳鲁孜”意味着“季节的结束”，这时候椰枣已在树枝上风干，到了收获时间。采摘下的椰枣被铺在一块硬地上，分拣后晾晒，晾晒椰枣的硬地叫作“穆斯踏”（晾晒场）。几天后，椰枣被装入用椰赛树叶编织的袋子，小袋子叫作“吉拉卜”，大的称为“吉拉”。装椰枣的袋子封口后放入一间没有光线的屋子，屋门紧闭，昆虫和啮齿类动物都进不去。这种存放椰枣的屋子叫作“姆德巴萨”（制作糖浆的屋子）。装满椰枣的袋子码放在“姆德巴萨”里，大袋子码在最上面，袋子最下面是许多导流槽。在重量和高温的作用下，糖浆从袋子里渗出，滴到导流槽里，再从导流槽流到地上的罐子里。

“纳鲁孜”节以斗牛开始，种植园主们会带上他们的牛参加，这些牛平时用来拉水浇地。那一天，四面八方的人们都是全家出动，拥到沙姆勒前面的这个平原地带。主人们会挑选个头相近的两头牛互斗，两头牛用角撞击对方，直到其中的一头被击败。紧接着，另外两头牛上场。我哥哥萨克尔从家里的农场带来一头牛，这头牛长着两只弯角，又大又壮。萨克尔用锉刀把两只牛角锉得像长矛一样尖利，这种做法在“纳鲁孜”节的斗牛中是不允许的。长着一对小角的幼牛前来与我哥哥的牛对阵，牛的主人名叫赛义夫·拉马斯。两头牛对视了片刻便开始用角顶了起来。我哥哥的牛犯规，用角划伤了拉马斯的牛的脖子，伤口从耳朵一直划到肩膀。拉马斯的牛勃然大怒，用角顶我哥哥的牛的肚子，把它顶翻在地，接着又继续在它身上到处猛戳。我哥哥的牛后退着站起身来，落荒而逃，拉马斯的牛紧追不放，我哥哥的牛逃回自家农场，拉马斯的牛也跟了进去。两头牛打斗了整整一夜。

第三阶段：1953—1954学年

回到位于伊本·卡米勒旧宅的卡西米亚学校的时候，已是1953年9月初。我们发现，1953—1954学年，学校由科威特教育部管理。

1953年9月初，科威特教育部派来了两位教师，他们是新任校长穆斯塔法·塔哈和教师艾哈迈德·卡西姆·伯莱尼先生。

为了解学生的水平，校长和教师们对学生进行了测试，测试结果将作为一年级到四年级的分班依据。学校的第一支足球队也是那个时间成立的。

女生部的女学生也做了分班测试，由校长和当地的一名教《古兰经》的女教师给女生上课。

暑假的时候，我们去了我们家在古卜的农庄。那一次，我父亲带着他的武装侍卫赛义夫·达哈和我们一起度假。赛义夫·达哈就在屋外马吉利斯的地上睡觉。有一天早上，他起床后命令他的副手马苏德用步枪向种植园里的棕榈树射击。我父亲听到枪声，跳了起来，带着我们几兄弟跑到马苏德面前。父亲问他为什么开枪，他回答说："是赛义夫·达哈下的命令。"

我父亲接着又问："你在朝什么开枪？"

马苏德答道："有一条船正在穿过农场中部的河道。"我父亲追问道："你看见那条船了吗？"

马苏德回答说："我没看见，可是赛义夫·达哈说有条船。"

我和我的两个哥哥萨克尔和阿卜杜勒-阿齐兹都相信，赛义夫·达哈这样做是有预谋的，目的是吓唬我们。他一直在捡拾夜里掉落到地上的杏子，晨礼后他就开始捡。杏树很高大，树干和树枝光滑，没人能爬上去。杏树叶子大，果实也大，跟我手掌大小差不多。这种杏树不是有名的叙利亚品种，而是本地树种，在巴林很常见。赛义夫·达哈夜里要去农庄的池塘洗澡，我们决定在他之前赶到农庄。看到他走过来，我和哥哥阿卜杜勒-阿齐兹躲到棕榈树后面，萨克尔跳入池塘，只有脑袋露出水面。

赛义夫·达哈来到池塘边，四周一片黑暗。他顺着池塘边溜下水的时候，萨克尔潜到水下，抓住他的两条腿。赛义夫一声大叫，身体蹿出水面，只剩两条腿在水里，因为它们正被萨克尔紧紧抱住。赛义夫又大叫起来，叫声比第一次还要大，他大叫着挣脱了萨克尔，从池塘逃了出来。一上岸就沿着通向农庄大门的那条路拼命跑，接着又从大门跑到一片空地，再从那里跑回了马吉利斯。赛义夫一路跑来，一丝不挂！

到了早上，我们和父亲围坐在早餐桌旁的时候，赛义夫·达哈说起夜里发生的事情。他说："那东西的手指像锯齿一样锋利，但我奋起反击，不但把他打倒，而且把他打跑了。"

这时候，萨克尔就坐在赛义夫·达哈的身边，他带来了赛义夫逃跑时留下的衣服。赛义夫说话的时候，萨克尔不停地用胳膊捅他，还偏了偏脑袋，示意他看自己的身后。赛义夫看到了自己的衣服，就闭上嘴巴，再也不说话了。

不久就有传言说，谢赫穆罕默德·本·萨克尔·卡西米家的古卜农庄闹鬼。我从沙迦带来的两个吓人的面具，更让人们对传言深信不疑。我戴上其中一个面具，躲在渡槽的下面，有人路过时就钻出来。人们的反应有所不同，有的人被吓得拔腿就跑；有的人则是拔刀相向，这时候，落荒而逃的人是我。

一天，村里来了一个卖柠檬的人，柠檬驮在驴背上，后面还跟着一头小驴。卖柠檬的给我家的女佣送柠檬的时候，我和我的朋友拉希德·本·苏尔坦·马哈维把装柠檬的鞍袋从驴背上扯了下来。我们俩戴着面具爬到驴背上，我骑在驴背前面，拉希德倒骑毛驴坐在后面，手里揪着驴尾巴。我们把驴骑到了村东头，妇女们见了我们，拉着自己的小孩子大叫着四散逃去。在扬起的尘土和尖叫声中，另一群孩子跟在我们后面一路走去。

第四阶段：1954—1955学年

1954年9月初，巴勒斯坦人穆罕默德·迪亚卜·穆萨先生从科威特到卡西米亚学校担任教职。

同年11月，穆罕默德·迪亚卜·穆萨先生收集到了童子军的制服和装备，组建了各酋长国中的第一支童子军，而且是在沙迦组建的。穆罕默德·迪亚卜·穆萨先生本人任总队长，一级队长是苏尔坦·本·穆罕默德·卡西米，也就是我！

1955年1月，同样也是在沙迦，各酋长国中的第一支幼童军成立。因为一些装备需要很长时间才能从科威特运来，幼童军的成立推迟了一段时间。幼童军由另外一名巴勒斯坦教师艾哈迈德·卡西姆·伯莱尼先生担任总队长，队长是沙迦酋长的儿子，苏尔坦·本·萨克尔·卡西米。

在紧挨男生部的女生部，来了一位巴勒斯坦女教师给女孩子们上课，她的名字是莎莉法。

在这一学年，卡西米亚学校的学生搬进了一座按学校样式建造的新校舍。新学校位于沙迦城和英国基地之间。1954—1955学年结束的时候，伊本·卡米勒家的房子被改成了女校。1955年6月，学校放暑假的时候，我和家人去沙特阿拉伯的麦加朝觐。有关这次旅行的记述会出现在下一章。

第五阶段：1955—1956学年

这一学年，穆罕默德·迪亚卜·穆萨先生升任校长，一个埃及代表团到访，代表团成员包括阿卜杜拉-拉希姆·穆罕默德和加里卜·阿卜杜拉-萨利辛两位先生。我们班来了一位名叫穆罕默德·本·哈马德·沙姆希的新同学，他原先在巴林上学。另外，还有从科威特的几所学校转到我们班的同学，他们是塔里亚姆·本·奥姆兰、阿卜杜拉·本·奥姆兰·本·塔里亚姆和赛义德·奥贝德·沙伊尔。

一年一度的运动会如期举行。在这一学年，沙迦的童子军参加了在科威特举办的野营活动。

在科威特参加第十期童子军野营

1956年初，时任童子军总队长和校长的穆罕默德·迪亚卜·穆萨先生做出决定，沙迦童子军组队参加第十期童子军野营活动，活动举办地是科威特的富奈提斯。这次活动被称为“首届童子军大会”，举办时间是1956年3月15日。沙迦代表队的成员包括：

一级队长，苏尔坦·本·穆罕默德·卡西米，我本人，任领队

队长，萨乌德·本·苏尔坦·卡西米，我的堂弟

队员，胡迈德·本·纳西尔·乌艾斯

队长助理，萨利姆·本·易卜拉欣·马兹鲁

队长助理，见亚特·穆罕默德·胡赖兹

为了把我们打扮得很精神，穆罕默德·迪亚卜·穆萨先生派我去买制作童子军“军服”的材料，另外还要买衬衣、鞋袜和内衣。我带上队员去了市场，他们需要什么就买什么。护照的事由萨乌德·本·苏尔坦·卡西米办理。

1956年3月12日，穆罕默德·迪亚卜·穆萨先生把我们带到沙迦机场，把护照、童子军军旗和沙迦国旗交给我，另外还给了我一些钱。他嘱咐我们拿出最佳表现，尽最大努力为国家和学校争光。

我们搭乘海湾航空的航班前往巴林，然后从那里飞往科威特，午后不久我们就到了那里。在机场迎接我们的是科威特教育部的一名代表，陪同这位代表的是萨利姆·本·阿卜杜拉·马哈

茂德，他一直在科威特读书。

汽车把我们从机场送到科威特城，教育部代表和萨利姆·本·阿卜杜拉·马哈茂德同车前往。我们被带到了“东方之家”，这里是萨利姆·本·阿卜杜拉·马哈茂德和另外几个特鲁西尔酋长国的学生在科威特的住处。他们把我们安排在一个有五张床的大房间里。

第二天，萨利姆·本·阿卜杜拉·马哈茂德带我们参观科威特城的重要景点，我们去了科威特墙、城门，还有其他一些地标性建筑。

第三天早上，我们穿上童子军制服，收拾好行李，上了去富奈提斯的汽车。到了营地，我们看见大门顶上写着“第十期童子军野营活动暨首届童子军大会”。大门一侧的墙上写着16支代表队的名字，他们是：

塔纳维亚童子军
穆巴拉齐亚童子军
沙迦童子军
西迪克童子军
芬塔斯童子军
米尔卡布童子军
费徕卡童子军
萨拉胡丁童子军
沙齐亚童子军
欧玛里亚童子军
沙米亚童子军

穆塔纳童子军

富海西尔童子军

萨巴童子军

杰赫拉童子军

国家童子军

为了迎接1956年3月15日的开营仪式，营区挂满了装饰和彩旗。

到达童子军营区后，向导把我们带到指定营地。我们没想到在这里见到了艾哈迈德·卡西姆·伯莱尼先生，他在沙迦的卡西米亚学校教过我们，现在是一支幼童军代表队的领队。他以富海西尔学校童子军指导教师的身份接待了我们，我们两家合用一个营地。

我们从营区管理人员那里领到了帐篷和搭帐篷的工具，另外还有床垫、毛毯和床单，接着就立刻动手搭好了帐篷，还升起了沙迦国旗。

当天晚上我们参加了开营仪式的预演，正式的开营仪式在第二天举行。开幕式那天的早上又安排了一次预演。

1956年3月15日下午，科威特教育部部长谢赫阿卜杜拉·贾比尔·萨巴赫前来参加开营仪式，受到了阿卜杜勒-阿齐兹·侯赛因先生（教育指导官）、伊萨·艾哈迈德·哈马德先生（总营长）和哈桑·阿里先生（副总营长）的迎接。

在一座遮阳的大帐篷里，谢赫阿卜杜拉·贾比尔·萨巴赫在椅子上就座，紧接着就是检阅仪式。各支童子军一一从谢赫阿卜杜拉·贾比尔·萨巴赫面前列队通过。

检阅仪式结束后，谢赫阿卜杜拉·贾比尔·萨巴赫面前的场地上被画出一个半圆，童子军们沿着圆弧席地而坐。

开营仪式开始了，首先由教育指导官阿卜杜勒-阿齐兹·侯赛因先生和童子军军营总营长伊萨·艾哈迈德·哈马德先生致辞。致辞一结束，主持人就宣布：“现在请沙迦童子军代表，苏尔坦·本·穆罕默德·卡西米发言！”

我站起身，做了一次即兴发言，在发言中对科威特埃米尔谢赫阿卜杜拉·萨利姆·萨巴赫陛下、科威特教育部部长谢赫阿卜杜拉·贾比尔·萨巴赫和科威特教育指导官阿卜杜勒-阿齐兹·侯赛因先生表示感谢，他们为我们提供了教师、课本，还有文具，我代表我的同学们向他们表示最衷心的感谢。在发言的结尾，我说：“哪怕他只教会我一个字母，无论他是谁，我都愿意做他的奴仆……对于在这些年里教会我们读书识字的老师们，我们何以为报？！”发言结束后，谢赫阿卜杜拉·贾比尔·萨巴赫叫我坐到他的身边，向我问起我的堂兄沙迦酋长谢赫萨克尔·本·苏尔坦·卡西米的近况。

所有的发言都结束后，每个代表队都上场表演节目，展示各自的本领。轮到沙迦童子军上场的时候，贝亚特·穆罕默德·胡赖兹的表演令人印象深刻。他先双手撑地，用两条腿抱住自己的脖子，接着就开始倒立行走。这本领令谢赫阿卜杜拉·贾比尔惊叹不已，他起身离开座位，走到正在表演的贝亚特·胡赖兹的跟前，看得非常仔细。

游行表演结束后，谢赫阿卜杜拉·贾比尔·萨巴赫视察了营区，他在两位主管的陪同下，来到我们的营地。

开营仪式后，我们在沙迦童子军营地的帐篷前拍照留念，照片上有沙迦童子军和富海西尔童子军的成员，还有来自各酋长国的在科威特读书的童子军。

营区有一个供应中心，陈列着各种干鲜食品。童子军们用盒子把食品装回营地，自己做饭吃。

晚上是一段快乐的时光，大家开心地聊天、唱歌、背诗，还跳起各种传统舞蹈。

一天夜里，风暴袭击了科威特，大雨倾盆。我是抢险队员，一听到紧急集合的哨声，我就冲了出去，与其他抢险队员会合。我们拿上挖土和切割的工具，还有绳子，向有帐篷倒塌的地方冲去。有些童子军没有把帐篷的支柱绑紧，富奈提斯的土质很硬，固定帐篷的地桩也打得不够深，所以他们的帐篷垮了。我用撬棍在硬实的沙地上砸了三下，只砸开了一点点沙土。那天夜里很黑，什么也看不见，我把撬棍旋进固定地桩的小洞里，没注意到我身边的萨利姆·本·阿卜杜拉·马哈茂德，他是科威特学校的童子军，而且他的一只手就在洞里。撬棍下去的时候，幸亏他的手是紧握着的，才没伤到他的手指。那一夜，很多垮塌的帐篷被我们重新搭建起来。

野营活动期间，我们还去过科威特的一些特别的地方，其中最重要的是劳扎塔因[1]，那是一片平坦的草原。

富奈提斯的野营活动结束了，我们回到了科威特城，在“东方之家”停留了两天，等待回沙迦的飞机。

我们先乘坐海湾航空的飞机从科威特城飞到巴林，再从那里飞回沙迦。

1　科威特北部油田。

私人英文学校

1954—1955学年开学的时候，我听说有一个印度人在阿卜杜勒-拉赫曼·米德法家的一间房子里开办了一所私人学校，学校就设在沙迦河边一幢房子的二楼。一天晚上我去那里见了这个印度人，他告诉我他的名字叫D.S.德希尔瓦，他上午在沙迦的蝗虫监控站工作，负责写报告，晚上在自己办的只有一间屋子的“学校”里教英文。

不久我就到这所私人学校上英文课了，学生人数也多了起来，德希尔瓦不得不想办法把学校迁到一个有更多房间的地点。最终我们找到了伊萨·奥贝德·纳布达家的马吉利斯，德希尔瓦把它租下来，用作“私人学校”的教室。在这所学校，我们学会了用英文给各家公司写信，还学会了根据老师的命题写各种英文报告。德希尔瓦先生还买来几台打字机，我们在上面练习打字。

每天上午，我们去卡西米亚学校上学；中午刚过，我们就来到德希尔瓦的私人学校。到了下午，听到呼拜时，我们就去附近一个很大的清真寺。有一天德希尔瓦问我们，为什么每天都会在一个固定的时间离开学校去清真寺。我们告诉他说，去那里是为了做礼拜。

德希尔瓦说：“带我一起去吧。”

我说：“你是基督徒，不是穆斯林。”

他沉默不语，不再提这件事。

直到有一天，德希尔瓦看到我一个人坐在一边，没和别的同学在一起，便走了过来，让我把伊斯兰教解释给他听。

我告诉他：“要想成为穆斯林，你就必须割包皮。”

他回答说：“这个没问题。”

我说："那就今天夜里。"

"具体什么时间呢？"他不解地问。

"要等所有的学生都走了，厨师侯赛因·凯迪下班回家以后。"我解释说。

于是他说："太阳一下山，我就让侯赛因·凯迪收工。"我去了集市，那里有一家理发馆，理发师阿里·杜克拉兼做割包皮手术。我让他等着我，别关门，告诉他回头我会带他去一户人家做手术。

晚礼后，我去了邻居哈利法·本·穆罕默德·哈达里的家，

他和我同龄。我把自己的安排告诉了他，请他跟我一起在手术的时候打个下手。我们把理发师杜克拉带到了私人学校，直接进了德希尔瓦的卧室，他正站在屋里。

"那个孩子在哪里？"理发师问道。

我说："这里没有孩子，是这位先生。"

"我的天！"杜克拉吓了一跳，说了声，"他？！这怎么可能呢！"

德希尔瓦身材高大，理发师杜克拉却是个小个子，而且上了年纪。

我对杜克拉说："别担心，为了方便你手术，我们会把他绑起来。"

理发师说："如果他踢我，非踢断我的骨头不可。"

"脱掉内裤，坐到地上。"我对德希尔瓦说。

德希尔瓦照我说的做了。接下来，我先用我的头巾绑住他的右腿，再用头巾的另一头从背后绑住他的左手；哈利法用同样的方法绑上了德希尔瓦的左腿和右手。然后，我们把两条头巾系到

一起，再用膝盖抵住德希尔瓦的后背。

我对理发师杜克拉说："相信真主，开始吧！"

理发师为德希尔瓦做了包皮环切手术，并包扎了伤口。我们把他拖到地上的垫子上，他安静得像一只羊羔。

理发师收起了铺在地上做手术用的布单子和工具，然后我们和他一起离开。走的时候，我们为德希尔瓦关好了房门。

第二天一大早，我和哈利法·哈达里去私人学校。走近德希尔瓦卧室的时候，我们听到里面传来呻吟声；进了卧室，发现他已是疲惫不堪，他疼得一夜没睡。我们给他带了一些早饭，他让我们去蝗虫监控站，告诉那里的人德希尔瓦病了，请一个星期的假。

我们用自己小时候包皮手术后的治疗方法，为德希尔瓦治疗伤口。方法其实很简单，我带来一些已存放了一年的羊粪，在学校的院子里挖了一个洞，然后把羊粪灌进洞里，再把洞里的羊粪点着。我对德希尔瓦说："把伤口放进洞里。"

"什么？你疯了吗？"他答道，"洞里正着火呢！"

我说："这种方法会让你很快恢复。"

"但是会把我烧着的！"

于是，我教他怎么做："离火远一点，一定要放在烟气的上方。"

他照我说的方法做了，伤口很快愈合。

德希尔瓦皈依了伊斯兰教，并且开始学习做礼拜和读《古兰经》。有一天他对我说："我想到清真寺做礼拜。"

我帮他穿上阿拉伯人的服装，带他去清真寺参加星期五的礼拜。我们念了两段祈祷文，念的时候我有意提高了嗓门，这样他能跟上我。然后，我们在第三排坐下。

“伊玛目”（领拜人）的演讲结束后，礼拜就开始了。行鞠躬礼时，德希尔瓦听不见我的祷文，就用英语对我说：“大点声。”因为礼拜的时候不能说话，我没理他。直起身时，他又用英语对我说：“大点声。”我还是没理他。礼拜的中间，我们匍匐在地时，他又对我说：“大点声。”我坐下的时候，他也在我前面坐下，转身抓住我的肩膀，向我表示抗议：“你这样做违反了我们当初的协议！”

我忍不住要笑出声来。礼拜已接近尾声，为了不打搅别人，我跃过几排做礼拜的人，跑开了。在清真寺里，在一群做礼拜的人中间，德希尔瓦对着我身后喊：“等我一下，等我一下！”

这是德希尔瓦第一次，也是最后一次做礼拜！

学年结束后，德希尔瓦打算买几台打字机以改善学校的条件。他辞掉了蝗虫监控站的工作，一门心思办学。这时候，德希尔瓦把他的学校搬到了穆罕默德·本·哈马德·沙姆希家附近，后者一直在巴林上学，现在回到了沙迦，准备在1955—1956学年转到卡西米亚学校读书。

买打字机，要向学生收一些钱。穆罕默德·沙姆希负责收钱，然后和德希尔瓦一起去迪拜买打字机。在迪拜的集市，他们俩在人群中走散了，彼此不知对方的去向。

那天晚礼后，我去了德希尔瓦的学校。那段时间我正在学习打字，我前面的人练完了，准备离开，好给我腾地方，但我对他说：“德希尔瓦喝醉了，别让我一个人留在这儿。”

他问我：“你是怎么知道的？”

我说：“刚才去喝水的时候，我看见他和别人在房间里喝酒。”

上课的时间是在晚上，椅子和课桌摆放在学校的院子里，这时，穆罕默德·沙姆希突然出现。德希尔瓦见了他，便开口责备。穆罕默德·沙姆希回嘴顶撞，两个人的嗓门越来越大，吵了很长时间。争吵声惊扰了邻居们，其中一位是乌马尔·本·阿卜杜拉·法拉希，他把这件事告诉了沙迦酋长谢赫萨克尔·本·苏尔坦·卡西米。

几分钟后，有人敲德希尔瓦学校的门。我过去开门，发现来人是酋长的两名士兵，他们接到的命令是驱逐德希尔瓦，把他赶出沙迦城。我向他们保证说，第二天我会带他离开。

第二天早上，我雇来一辆汽车，德希尔瓦把家具搬上车，去了迪拜。又过了几个星期，我听到了这个消息：“一个人从三楼掉了下来，摔死了。他的名字经确认是D.S.德希尔瓦。”

第五章

麦加朝觐

我父亲决定去沙特的达曼[1]看望女儿谢哈·宾特·穆罕默德·卡西米。1954年11月15日，我的姐夫，也是我的堂兄，哈立德·本·苏尔坦·卡西米和他的哥哥沙迦酋长萨克尔·本·苏尔坦·卡西米发生了争执，随后便离开了沙迦。我的姐姐随丈夫同行。陪同父亲去达曼的有我的母亲、祖母、哥哥哈立德、妹妹娜依玛，还有我和最小的弟弟阿卜杜拉。另外，祖母的仆人穆巴拉克也与我们同行。

父亲还决定，看望女儿后带我们去麦加朝觐。

巴林

1955年6月底的一个中午，我们登上了一艘英印轮船公司的客轮，从沙迦去巴林。这艘船大得像一个村庄。在船上，我能闻到进口的印度新鲜水果的气味，还有从厨房飘出的、刺激乘客胃口的饭菜的香味。船上的乘客分为两个等级，一种睡在带空调的房间，另一种睡在甲板上，但费用很便宜。

1　沙特东北部港口城市。

那天夜里，天气闷热，令人窒息，我们都在空调房里过夜。第二天到巴林的时候，我们以酋长客人的身份受到迎接。当时的巴林埃米尔是谢赫萨勒曼·本·哈马德·阿勒哈利法。主人把我们带到了穆罕默德·努尔旅馆，旅馆的下面就是水果和蔬菜市场。第二天，我们在小贩的叫卖声中醒来，我想到集市上看看，便去征求父亲的意见。他同意了，但告诉我别回来晚了，因为接我们去酋长马吉利斯的车快到了。

出了旅馆，我就打听穆雅德书店的位置，一路问过去，终于找到了这家书店。进了书店，我看见书架和天花板一样高，上面摆满了书。书多得令我眼花缭乱，我没注意到旁边的椅子还坐着一个人，他面前有一张桌子。那人大声问我：“年轻人，在找什么书呢？”

我转过身，看见一位老者。跟他打过招呼，我问：“您是穆雅德先生吗？”

他回答说：“我就是。你需要什么？”

我说：“我是您的笔友，苏尔坦·卡西米，从沙迦来。”

他接着问：“你今年多大？”

“16岁。”我答道。

他又问我：“你买的书都用来做什么了，还有我作为礼物送给你的那些书？”

“阅读。”我这样回答。

接着，我跟穆雅德说起了自己读书的事：

我伯父谢赫苏尔坦·本·萨克尔·卡西米在伦敦去世后，埋体过了一个星期才运回沙迦。在等待埋体的那几天，我们经常和萨利姆待在他家西宅的一间屋子里，这间屋子在他父亲书房的隔壁，他的父亲萨利姆·本·苏尔坦·卡西米已经过世。

萨利姆和他的弟弟阿卜杜拉都比我年长。和我们一起的还有我哥哥阿卜杜勒-阿齐兹和另外几个堂兄。他们玩扑克牌的时候，我在书房里读书。我仔细浏览书名，记下了伯父谢赫苏尔坦过去经常阅读的文学名著的名字；其中就有诗人艾哈迈德·邵基[1]的《邵基诗集》，贾希兹[2]的《文学佳作选》和《动物志》。在《动物志》的第一页有我伯父写的一行字“此书不宜阅读”，于是，这本书我一个字都没读。我还发现了一些书信，有的信笺上写着“穆雅德书店”。

穆雅德问我：“你和已故的谢赫苏尔坦·本·萨克尔是什么关系？”

“他是我的伯父。”我告诉他。

他摇了摇头，似乎在说：“我终于明白了！”

然后，我接着讲自己的故事：

我开始把别人给我的硬币攒起来，然后换成纸币。买书的时候，我会把纸币夹带在信里寄给您。我要买的都是我在伯父书房里记下书名的那些书，比如《邵基诗集》、《文学佳作选》和《动物志》之类的。读完《动物志》后，我发现这本书的确不适合年轻人读。我还从你这里买了其他一些书，有关安塔拉·本·沙达德和阿布·扎伊德·希拉利的书，还有《一千零一夜》等等。

上学的时候，我会把书里的故事读给朋友们听；我也会到邻

1 埃及诗人，埃及现代文学的先驱之一，他将史诗体裁引入了阿拉伯语写作，1927年被冠以“阿拉伯诗歌王子”称号。

2 伊斯兰教的著名学者，文学家，被誉为“阿拉伯散文和讽刺文学的奠基人”。

居家里，给他们讲我从书上读来的故事。

听到这里，穆雅德对我说：“你就把这书店当作自己的，需要什么尽管拿，算我送你的礼物。”

我一边表示感谢，一边说：“我这会儿有急事，要和父亲一起去谢赫萨勒曼的马吉利斯。不过我还会再来的。”

我们来到谢赫萨勒曼的马吉利斯，里面的客人很多。我父亲走向酋长的时候，他站起身，微笑着问候我父亲。父亲、哥哥哈立德和我被安排在靠近酋长的座位。马吉利斯里很热闹，有的人刚进来，正向酋长问候致意，有的人在向酋长辞行。刚进来的和准备离开的说话声音都很大，人人听得见，酋长频频礼貌回应。我们一行有的人坐在门口离酋长较远的地方，有的坐在酋长身边。马吉利斯安静下来的时候，酋长一一询问我们的近况，无论离他远近。

那天晚上，我第二次去了穆雅德书店，书店里人很多。穆雅德让我在椅子上坐下，并吩咐人端来茶水。他送给我一包书，感谢之后，我问他我能否先把书放在他这里，因为麦加朝觐后我还要回巴林。

第二天下午，父亲带我们去里法向谢赫萨勒曼辞行，里法离首都麦纳麦很远。迎接我们的是酋长的两个儿子伊萨和哈利法，我们到那里的时候，他们正骑在马上。伊萨和和哈利法让我们坐在一张大木凳上等他们的父亲。酋长到了之后便开始和我父亲长谈，我不知道他们在谈些什么。他们之间的友谊从1948年就开始了，那时我父亲被英国人流放到巴林，但萨勒曼酋长坚持把我父亲当客人看待。谈话结束后，酋长用和见面时相同的礼仪，与父亲告别。

达曼

到巴林的第四天下午，我们乘飞机前往沙特阿拉伯王国的达兰机场，接机的是我的姐夫谢赫哈立德·本·苏尔坦·卡西米。他把我们带到了达曼的一家宾馆。

从达兰到达曼的公路路面铺着沥青，路的西边是白色的沙地，沙地与公路之间是高大的柽柳树。进入达曼城的时候，车子开上一段柔软的金色沙地，这种沙地被叫作“阿达玛”。谢赫哈立德·本·苏尔坦·卡西米的住所就在这里，客房在附近不远的地方。

到达曼的第二天上午，父亲带我们去拜见埃米尔沙特·本·朱禄维，他是东部省的总督。埃米尔的马吉利斯很安静，走路的人蹑手蹑脚，说话的人低声细语。埃米尔静静地坐在椅子上，整个脸几乎都被胡子盖住。我们在那里的时间不长，没过多久就和埃米尔的弟弟，萨德·本·朱禄维王子一起离开了。王子是个很有趣的人。

在达曼期间，我拜访了以前的老师艾哈迈德·本·穆罕默德·阿布·鲁海玛先生，他那时在达曼工作。

在达曼停留数日之后，我们开始为朝觐做准备。我们将作为沙特政府的客人去麦加朝觐。

吉达[1]

除我父亲一人外，我们所有的人都准备动身出发。父亲要继续留在达曼。那天早上，我们在达兰机场登上了一架沙特航空的飞机，飞往吉达。沙特航空的飞机都有两台发动机。

起飞后，前四分之三航程，我们的飞机一直平稳飞行。后

1　沙特阿拉伯红海沿岸的港口城市。

四分之一航程时，我们到达山区的上空。突然，一台发动机停转了，飞机靠另一台发动机继续飞行，左右摇晃，忽高忽低。乘务员要求我们系紧安全带，接着又告诉我们说：“第二台发动机的温度正在升高……祈祷吧……飞机要坠毁了！”

我们看见一名飞行员从后面抓住乘务员的衬衣，把他拉进驾驶舱，关上了舱门。所有的乘客都在祈祷，有的人呕吐起来，吐到了机舱的地板上。

第二台发动机也停转了，飞机开始坠落，下面的山峰越来越近。客舱地板上的呕吐物像一条小河从我们身边流过，最终汇集在前排座椅周围。这时，我们已经能从飞机舷窗里看到机身下的地面。突然，机轮触地，蹭了一下地面，又弹了起来；接着再次触地，又蹭了一下地面。重复几次之后，飞机终于停了下来。

乘务员打开驾驶舱门，大声喊着：“成功啦！我们成功啦！”

一名飞行员和乘务员走出了飞机，我跟在他们后面。飞机迫降在一条山路上，不一会儿一辆汽车路过，这是一辆红色的皮卡，上面装的都是水桶。飞行员问司机：“你这是从哪里来？”

司机回答说：“从姆崴来的，给朱尔穆（这个地区的旧称）矿山送水，那是座金矿。”

飞机上的水已经用完，乘务员于是向司机要了一些，因为中午时间，车上水桶里的水被晒得发烫。飞机上除了一些咸奶酪和面包，再没有别的食物。

另一名飞行员正在忙着联络利雅得机场，请求机场派一架飞机过来。我们必须把雨水冲毁的道路修好，新派来的飞机将降落在这条山路上。

男人们都下了飞机。乘务员从机舱地板上取下一块橡胶垫子，我们把石块堆在上面，拖到机长指定的需要修补的位置。我们花了几个小时终于把路面平整好。一名飞行员叫大家把白色的头巾交给他，我们把头巾收集到一起，在每块头巾里包一块小石头，沿道路两侧摆放。就这样，我们为“新机场”准备好了降落指示标志！

从利雅得来的飞机安全降落，舱门打开。那架飞机上的乘务员说：“我们只有七个座位，是为政府的客人准备的，因为他们带着小孩子。”

在我和哥哥哈立德的搀扶和帮助下，祖母、母亲、妹妹娜依玛和弟弟阿卜杜拉下了第一架飞机。我们都上了第二架飞机的时候，却发现缺了穆巴拉克的座位。

乘务员对我们说：“是七个座位，我们数过。肯定有别人也从另一架飞机上来了！我会拿乘客名单核对。”我用手指了一下坐在我右手边的人，乘务员一下子明白过来，他就是那个不该上这架飞机的人。于是，乘务员要求他下去。这人已经扣好了安全带，他对乘务员的回应就是两只手紧紧抓住安全带锁扣，一边说：“真主作证，你们就是把我撕成碎片，我也不会解开安全带！”

我哥哥哈立德这时开了口：“这样吧，我们把穆巴拉克留下来，让他和故障飞机上的其他乘客在一起。”

飞机从新建的、摆放着头巾的跑道起飞、离去。留在我们身后的这块地方后来真的成了一个飞机场，朱尔穆机场！

这会儿坐在我右边的乘客和故障飞机上坐在我右边的，是同一个人。那架飞机出故障的时候，他一直盯着停转的右发动机螺旋桨，然后两只手捂住脸，放声大哭。这会儿，他又在盯着螺旋桨看，因为转速太快，根本无法看到桨叶。看着看着，他的脸上露出欣慰的笑容。

到达吉达机场后，我们直接去了巴赛廷吉达旅馆。

巴赛廷吉达旅馆在吉达城的边上，靠近被称作“坎大萨”的分水中心。旅馆有几栋别墅和一排客房，其间种有观赏用的灌木丛和花卉。

吉达是一座美丽的海滨城市，那里的集市是在室内的，由几栋楼房组成，带有传统式样的阳台。吉达城的总督被人们称为“吉达的凯姆·马卡姆”，我们去参观过他在海边的办公室。

麦地那[1]

沙特政府从一家运输公司为我们租用了两辆汽车，这家公司的名称是“巴哈沙卜·帕沙朝觐运输服务公司”。一辆供我的家人乘坐，穆巴拉克和行李在另一辆车上。我们这辆车的司机名叫阿卜杜勒-拉赫曼，他很胖，体重自然也不轻。他坐上车的时候，他那一侧的车身总是被压低不少。

在吉达停留三天后，我们动身离开。出发时间是中午，我们沿着海岸线驱车前往麦地那。日落时分，我们在红海边一个叫拉比的村庄停车休息，路边有一家卖炸鱼和新鲜面包的饭馆。昏礼和宵礼结束后，我们继续赶路，午夜后到达麦地那，入住泰西尔旅馆。这家旅馆是一座多层楼房，天花板很高，楼梯台阶宽大，位于毗邻“先知穆罕默德大清真寺”的商业区。

第二天，我们去参观先知清真寺。在念诵了两节祷文之后，拜谒了（真主降平安和佑护于其身的）先知穆罕默德·本·阿

1　沙特西部城市，伊斯兰教三大圣地之一。

卜杜拉的陵墓。我们向先知行礼致敬，接着由兄长哈立德念诵祷文。在此神圣之地，满怀对先知的景仰之情，哈立德忍不住哭了起来，我们为之动容，泣不成声。

我们接着又拜访了先知穆罕默德的继任者，哈里发艾卜·伯克尔的陵墓，以及后者的继承人，哈里发欧麦尔·伊本·哈塔卜的陵墓。那天下午，我们去了永恒者的陵园，那里是先知的同伴和追随者的安葬地，所有的陵墓我们都一一拜访。

夜幕降临麦地那之前，我看见一个人肩上扛着一根挂着一串灯笼的杆子，灯笼已经点着；他的另一只手里还拿着一根顶端带弯钩的杆子。在几处地方，那人停下来，用带弯钩的杆子把灯笼一个接一个地挂了上去。灯笼挂在了墙的最高处，那里钉着楔形的金属挂钩。那人不停地挂着灯笼，直到通往先知清真寺的集市和街道都被照亮。

到达麦地那的第二天，我们登上了伍侯德山[1]（第二次伊斯兰战役的战场），拜访了阵亡的烈士。那天晚上，我们逛了麦地那的商场。

麦加

第三天早上，我们离开麦地那去麦加，途中要经过一个叫阿布-胡莱法的关口（戒关），从麦地那方向来的朝觐者必须从这里进入麦加。路面是裸露的，很颠簸，但我们的车对这种路况应付自如，一路顺畅地到达了另一个关口，德西-胡莱法。在那里，我们进入了副朝的受戒状态，口诵祷文，披上了朝觐的（未

1　沙特阿拉伯境内邻近麦地那的一座山。公元625年3月23日，穆斯林和麦加当局之间的第二次战争爆发于此，穆斯林战败。

经缝制的）白布单。接下来的仪式是环游天房和奔走。天房是一座四周挂着黑色幕帘的方形建筑，位于禁寺广场的中央；奔走的时候，朝觐的人们要在萨法山和麦尔卧山之间来回奔走。完成了副朝仪式，副朝的受戒状态随之结束。站驻阿拉法特山的时间快到了，我们进入正朝的受戒状态。我们再次环游天房和奔走，然后出发去阿拉法特山。

高诵“真主至大”，宣誓着对真主的忠诚，我们从阿拉法特山回到麦加，这时已是夜里，我们又一次环游天房和奔走。我们当中有的人剃了光头，有的人的头发只是做了简单的修剪。接着，汽车把我们送到麦加城里一个叫贾尔沃勒的地方，以沙特政府客人的身份住进那里的泰西尔旅馆。受戒状态至此结束。

第二天，我见到了旅馆的主厨，埃及人马哈茂德。据他自己说，他曾经给国王法鲁克[1]当过厨师。马哈茂德介绍我认识了沙特内政部的阿卜杜勒-拉赫曼少将，他负责朝觐期间的治安，也住在这家旅馆。我见到他的时候，他正准备去哈米迪亚法庭上班，于是我请他顺便带我去布什纳克书店。书店就在哈米迪亚法庭隔壁，紧挨着奔走通道，再向前就是阿拉法特山。我是头一天夜里奔走时发现这家书店的。我想花些时间在书店里借几本书，但又没想好要借什么书，所以想请少将把我引见给书店的主人。

我介绍哥哥哈立德认识了阿卜杜勒-拉赫曼少将，征得哥哥的同意后，我跟随少将去了麦加。他向布什纳克书店的老板介绍我时，我感觉他们彼此认识。布什纳克先生一边打点店里的生意，一边搬了把椅子让我坐下。

布什纳克书店位于奔走通道的第一段，靠近阿拉法特山。麦

1　埃及末代皇帝，1952年被纳赛尔推翻；以好吃著称，据说死于暴食。

加城唯一的一条主干道与通道的这一段交叉，将它与通道的其他部分分开。这是一段凹凸不平的砂石路，位于干涸的河床的中线上。奔走通道的这一段被称作“哈瓦拉”，意为“奔走之地”。许多朝觐者相信，因为常有汽车横穿而过，在这个地方要加快步伐。奔走通道的另外三分之二看起来像个商业区，道路两边的商铺一直延伸到麦尔卧山。在萨法山和麦尔卧山之间有一道铁栅栏，隔开了来往于两山之间的人群。店主们常常抽着水烟袋，烟气升腾着，从禁寺临街的大门飘进广场。

禁寺有四个伊玛目，分别代表罕百里、哈乃斐、马立克和沙斐仪这四个伊斯兰教教法学派。在禁寺广场，四个伊玛目有各自的讲坛。沙斐仪教派的讲坛恰好建在“赞目赞目”泉上，其他三个教派的讲坛看起来像禁寺广场上的三把大伞。每个教派的讲坛都围着一群人，向当值的学者请教所在教派对一些宗教问题的见解。

从易卜拉欣之门向下看，可以看到一片出租给朝觐者的房屋，那里散发着难闻的气味。

我们在麦加逗留了十多天，其间天房的门打开过。天房开门的那一天，男性朝觐者纷纷拥向天房的大门。一根绳索从天房的房顶垂下来，人们试图抓住绳索爬到天房门口，从那里进入天房。我也抓住了绳索往上爬，爬到超过别人头顶的高度，下面的人同样也抓住绳子往上爬。突然，有人抓住了我系在脖子上的头巾，误以为那是绳子。他往下一拽头巾，我就摔到了地上，四周都是准备向上爬的人腿。感谢真主，身边有无数只脚踏来踩去，我竟然毫发无损！接着，我把头巾系到腰上，向后退了几步，然后以最快的速度冲过去，跳到那群人的头顶上，一把抓住绳子。这时，天房门口的人抓住我的手，把我拉了过去。我终于进了天房！一开始觉得天房里很暗，过了一会儿才能看清里面的陈设。天房的中心位置有两根木柱，在有黑色玄石的角落，挂着一盏灯；门右侧墙角上方的屋顶有一个孔，有光线透进来，看守天房的人可以从这里上到天房的屋顶。我在天房的四个角落分别念诵了两节祷文。

伊斯兰教历1374年12月8日，对应于公历1955年7月28日，星期四。那一天是“恩泽日”，我们进入受戒状态，举意履行朝觐仪式。环游天房和奔走后，我们出发去米纳[1]，在那里过夜。第二天是“阿拉法特日”，恰巧是星期五，我们站驻阿拉法特山，向真主忏悔，祈求宽恕，一直到日落时分。站驻仪式结束后，我们去穆兹达利法捡石子，再从那里返回米纳。第二天是宰牲节，我们在米纳的阿格白射石驱邪（这是朝觐的程序之一，纪念易卜拉欣和伊斯玛仪父子战胜恶魔的事迹）。接下来，我跟着哥哥哈立德和仆人穆巴拉克来到宰牲献祭的地方，哈立德挑选了一头又肥又壮的牛，作为我们一行七人的献牲。

宰牲节过后，我们按朝觐的规矩剃了头，妇女们只是剪掉一绺头发。结束了受戒状态，我们恢复了日常着装。最后，我们返回麦加，参加辞朝，再次环游天房和奔走。

我的祖母生病了，没能和我们一起环游天房和奔走。但是按朝觐的礼仪，她必须在当天晚上还补辞朝。环游天房的时候，祖母坐在一张床上，由两个人把床顶在头上，三人一起环游天房。到了奔走的时间，我让祖母坐在借来的轮椅上，对轮椅的主人

1　朝觐时进行投石驱鬼之地，在麦加以东7公里处。在米纳投石和宰牲，是朝觐的主要仪式之一。每年伊斯兰教历的12月9日，朝觐者在阿拉法特山举行诵经和祈祷大典后，于当夜赶到附近的穆兹达利法，在那里拾起49块小石子，然后露宿旷野。翌日来到米纳投石，投石后进行宰牲献祭，诵经祈祷。

说："让我来推她吧。"

轮椅的主人同意了，我便推着祖母开始"奔走"。在奔走还剩最后两个来回的时候，几个男孩子看见了我，把我当成生意上的新对手，我那天的穿着打扮很像希贾兹地区的人。那几个男孩子来到我面前，不由分说就动手打我，打得我轮椅脱手。我们当时所在的地方叫玛瓦，路很陡，脱手的轮椅顺着坡溜得飞快，祖母吓得大叫我的名字："苏尔坦！苏尔坦！"

我倚在通道的隔离栅栏上，那几个男孩子还在凶狠地殴打我。这时来了几个手拉着手的非洲朝觐者，他们把那几个男孩子拉到一边，继续殴打我，还把我踹倒在地。我大声哭喊，引起围观。有人把我从地上扶起来，可人群围得严严实实，我根本就出不去，急得大喊大叫："祖母！祖母！"最后，我终于回到了祖母那里，重新推上轮椅。

宰牲节后是连续三天的"塔施里克"[1]庆典，这三天我们在米纳度过，重复了射石驱邪仪式。之后，我们回到麦加，最后一次环游天房。仪式结束后，我们赶往吉达机场，上了飞往达兰的飞机。

在达兰停留两天后，我们分乘两辆汽车，取道乌杰尔前往卡塔尔。在卡塔尔，我们拜会了谢赫阿里·本·阿卜杜拉·阿勒萨尼。最后，我们从卡塔尔乘飞机返回沙迦。我朝觐前寄存在巴林的那些书，后来托运回了沙迦。

---

1 "日出"之意。

第六章

三国入侵埃及

1956年10月29日，英国、法国，还有被它们宠坏的孩子以色列，对埃及发动进攻。三国联军袭击了位于穆卡塔姆山丘的“阿拉伯之声”电台，电台停止播音，后来转移至大马士革继续播音。阿拉伯人愤怒了，却无能为力，只有诅咒侵略者，在内心深处呼唤埃及的胜利。但我已打定主意，我那时思考的全部问题就是：“我如何才能让侵略者失败，哪怕只是小小的失败？”

侦察

1956年的11月1日，我开车去沙迦的英国基地。英国公共工程部在沙迦基地的办事处组建了一支足球队，我是队员之一，所以基地的不少官员都认识我的车。身为球队的负责人，我一直负责联系队员，通知他们比赛时间。

离基地的汽车修理站不远处就是停放坦克的场地。足球队的一名队员在汽车修理站上班，他的名字叫阿卜杜勒-拉赫曼·达姆尼。因为总在一起踢球，他成了我的好朋友，经常搭我的车下班回家。那天，我尝试着靠近坦克停放场。

快走到车间门口的时候，我喊阿卜杜勒-拉赫曼的名字，他闻声出来。我带着他离开车间，走了挺长的一段距离，来到我停车的地方。我拿出几页纸，上面用英文写着球员的名字和比赛时间。那天刮着西风，风很大，我故意让风把几页纸从我手上吹跑，吹向坦克停放场的方向，坦克停放场靠近基地最外围的铁丝网。

于是，我跟在被风吹跑的那几页纸后面追。坦克停放场门口有站岗的英国哨兵，他冲到我前面，抓住几张纸，开始读了起来。读完后还给了我，还说了声："祝你好运。"

其中有一张纸被风吹到了铁丝网上，那是一种带倒刺的铁丝网。我对英国哨兵说："我取不下来，铁丝网有电。"

哨兵回答说："铁丝网没电。"

我接着又问："夜里也没电吗？"

"夜里也没有。"哨兵答道。

我上前从铁丝网上取下那张纸。我发现铁丝网有三层带倒刺的铁丝，一只猫也别想钻过去。

第二天，1956年11月2日，借口安排与空军基地足球队的一场比赛，我又去了英国基地。到基地大门的时候，我看到大门一侧有几间机库，里面有几架做保养的军用飞机。前面不远处有一辆车，车背后用大写英文字母写着"FOLLOWME"（"跟我走"）。

那辆车顺着跑道在我前面开，跑道一直通向沙漠。我的车在后面跟着，一直跟到弹药库附近。前面的车停了下来，我也随即停车，顺便打量了一下弹药库。前面的司机下了车，怒气冲冲地问我："你为什么要跟着我？"我指着他的车后背上的"FOLLOWME"说："是你命令我跟着你的。"

那司机笑了起来，对我说："这个标志是用来引导飞行员停放飞机的。你这是去哪里啊？"我回答说："我来找你们足球队的头儿，我们想和你们空军基地赛一场。"

那司机问我："你是苏尔坦吗？"

"是啊。"我回答。

他于是对我说："跟我走。"

弹药库有一半在地下，另一半高出地面1.5米，墙上有几扇玻璃窗，光线可以透进去。弹药库周围没有铁丝网。

那天夜里，我从家出来，步行了4公里，再次来到弹药库，想确认一下弹药库夜里有没有哨兵站岗。

月亮已经下山，夜黑得伸手不见五指，我的衣服也是黑色的。我所在的位置和弹药库之间是一片开阔地，长着一丛丛的天胆草和滨藜，这段距离我估计有300米。我紧贴着地面向前爬，接近弹药库的时候，才站起身来，发现弹药库把守严密，还有一辆车停在那里。我接着开始往回爬，仍旧是紧贴地面，爬到了一个比先前离弹药库稍远的地方。

1956年的11月3日的夜里，我再一次来到英国基地，目的是查明军用飞机周围警戒的严密程度。晚上8点的时候，我走在基地的主路上，路上是来来往往的已经交接班的工人。负责警戒的是两名英国士兵，手里都端着上了刺刀的步枪。英国兵常在这个时间离开哨位，到机场旁边的旅馆买啤酒，买完啤酒回来，就坐在路边的石鼓上休息。石鼓沿路边排列，是军用机场和大路的分界线。

因为我们足球队有几名队员在这家旅馆上班，我出现在这里并不显得反常。旅馆的位置非常理想，便于我对机场采取行动。

1956年的11月4日下午，我去了位于英国基地和沙迦城之间的电报电话中心。对于英国基地的对外通信联络，电报电话中心的作用举足轻重，这个中心还要负责空中交通管制，飞经沙迦上空的飞机必须接受中心的指挥。我假装到那里找足球队的队员，印度工程师西迪奇。

我仔细查看了周围的情况，除了电报电话中心的主入口有哨兵外，中心的外面没有哨兵。中心有一个木质的后门，门锁着，无人把守，而且，中心的外面没有围墙。我叫西迪奇领着我在中心里面看了一圈，发现有电线从后门穿过，在靠近后门的地方还有电动装置。我暗自思忖，这倒是个合适的地方。

1956年的11月5日，我径直去了沙漠里一个叫法拉杰的地方。那里有一个水泵站，水被抽进埋在地下的管道，然后输送到英国基地。但由于风蚀作用，有一处管道是裸露的，以前我去那里学习的时候，多次见过。我找到了那段裸露的管道，确认了它的具体位置。

一天又过去了。第二天宵礼后，我出了家门，去沙迦城的马莱迦区。格莱·麦肯齐大楼就在那里，大楼的主人是已故酋长谢赫苏尔坦·本·萨克尔·卡西米的子女。这栋房子一度租给了“英印轮船航运公司”，现在被特鲁西尔阿曼监察部队的英国司令官租用。

格莱·麦肯齐大楼的前面停了一辆小汽车，这辆车原先是沙特驻布莱米[1]公使的座驾。英国人控制了布莱米后，英国司令官把公使和住在布莱米的谢赫们赶回了沙特阿拉伯，同时也将这辆车据为己有。大楼唯一的警卫是上了年纪的伊本·马兹罗姆，他在

1　阿曼的一个省。

车的前面坐着。看来这里是一个非常理想的行动地点。在一番全面的侦察之后，我决定行动了。

第一次行动

1956年11月7日，日落之后我去了停车场，我家的车停在那里的车库。车库里有一只一加仑的空油桶，是以前用来换机油的。我打开汽车油箱底部的盖子，灌了一桶汽油拿回家。

回到家里，我换上黑色的裤子和深棕色的套头衫，脚上是踢球和其他体育活动时穿的胶鞋。我带着那桶汽油出了家门，衣服口袋里还装了一盒火柴。这时候，我的两位朋友正坐在我家门前的长凳上，一个是我的同班同学穆罕默德·本·苏尔坦·本·阿卜杜拉；另一个是哈马德·本·阿卜杜勒-拉赫曼·曼奈，他跟我们同校，但年龄比我们小，低一个年级。我对他们说，我的车没油了，停在迪拜到沙迦的途中，我正准备去给车加油。

他们其中一个说：“我们和你一起去吧。”

“车上还有几位妇女。”我答道。

另一个说：“那么我们可以先陪你过去，等你把家人送回家后，再来接我们。”

“你们是男人吗？”我这样问他们。

“当然啦，这还用说！”他们答道。

“你们怕死吗？”我又问道。

“不怕！”他们毫不犹豫地回答，但口气中带着几分疑惑。

于是，我接着说：“埃及被入侵以来，我们每天都在盼望埃及的胜利，盼望侵略者的蒙羞和失败，可我们却没有任何作为！我们采取行动的时间到了，你们可以与我同行，也可以为我守口如瓶，都是对我的帮助。”

他们说：“我们愿意和你一起去。”

我带着他们出了沙迦城。一路上他俩轮换着拎汽油桶，快到电报电话中心的时候，我说：“我们先歇一会儿。”

电报电话中心离我们还有100米，房子只有正面有灯照明，两个武装警卫坐在那里。我这会儿才把计划告诉他们：

1. 油毡屋顶，遇火就会燃烧。

2. 木质后门很大，如果浇上汽油点着，会引燃房顶和里面的设备。

3. 哈马德先等候着，一看到火光，就朝高地的方向跑，在那里的棕榈屋等我们。

哈马德·曼奈的个子虽然比我们矮，但却比我们胖，所以奔跑对他来说不是件容易事。我要是和穆罕默德·本·苏尔坦赛跑的话，百米短跑，我跑第一，穆罕默德第二；400米和800米跑，穆罕默德都跑第一，我第二。所以，为了不让哈马德·曼奈掉队，我们让他先跑。

月亮已经开始下山，完全落下的时候，我们的行动开始了。我和拎着汽油桶的穆罕默德·本·苏尔坦悄悄接近电报电话中心，我叫他把汽油自上而下浇到木门上，然后退后。穆罕默德照我说的方法把汽油倒在门上，汽油顺着门板溅落到门前的7JC泥台阶上，能听到汽油洒落的声音。穆罕默德·本·苏尔坦被这声音吓坏了，他扔掉油桶，撒腿就跑。

看见穆罕默德·本·苏尔坦被吓跑，我冲上去，捡起了油桶，发现里面还剩了一些。我把剩下的汽油倒在了门上，划着了火柴。我脚下的台阶上有门上落下的汽油，汽油一下子被引着了。我飞身跳下台阶，以最快的速度拼命跑开。等我回头的时候，看见火舌已经蹿上房顶，夜空被映得如白昼一般。

电报电话中心的雇员跑了出来，和两名警卫一起大声喊叫。接着，他们上了一辆车，朝我们撤离的方向追过来。与穆罕默德和哈马德会合后，我们便穿梭于棕榈屋之间，从一间跑向另一间，一边躲藏，一边往前跑。这些屋子都是空的，因为人们只有在夏天度假的时候才过来住。追赶我们的人打开汽车前灯，在小屋周围搜寻我们，但是这时候我们已经快跑进沙迦城了，他们连我们的影子都没见着。

第二次行动

第二天早上，夜里的大火成为沙迦全城的话题。中午的时候我去了停车场，那里有家木匠铺，主人是名叫萨利赫·艾德尼的亚丁人。每天中午木匠铺都敞着门，没人看铺子。我进了铺子，拿了一把钢锯和几根备用的锯条。昏礼过后，哈马德·曼奈和穆罕默德·本·苏尔坦到了我家，然后我们一起出发去城外的水泵站，那里有英国基地的地下供水管，由于风蚀，有一段水管裸露在外。到那里之后，我把那天夜里的行动计划告诉了他俩。

我们立即动手锯金属水管，不一会儿就有水喷出来，力量很大。水管终于被锯断，但因为水管太重，而且埋在地下，我们没法把锯断的管子分开，只能让它自己喷。

我们的行动地点远在沙漠深处，在沙迦城没人知道我们的所作所为。

第三次行动

1957年11月9日，哈马德·曼奈中午的时候到了我家，告诉我，穆罕默德·本·苏尔坦有别的事，不能参加那天夜里的行动。

“但是这次行动需要三个人才能完成。”我说。

哈马德·曼奈问：“是什么行动？”

“不知道！”我答道。

哈马德·曼奈想了一会儿，接着说：“我认识一个叫阿里·本·哈蒂姆的人，住在马莱迦，离我家不远。”

“这个人可靠吗？”我问。

“没问题，可靠。”哈马德·曼奈回答说。

“这样吧，昏礼过后，你带他到我家来。”

昏礼后，哈马德·曼奈和阿里·本·哈蒂姆到了我家，还带着我在加油站买的一桶汽油。为了携带方便，我把一半汽油加到了我的车上，另外我还带了一根木棍，棍子的一头绑着几块旧布片。我往兜里揣了一盒火柴，我们出发去了马莱迦。

我们这次行动的目标是特鲁西尔阿曼监察部队的英国司令官。到了离目的地不远的玛塔穆巷子时，我叫他俩停了下来，向他们说明我的计划：

> 我先爬到车下面观察动静。
>
> 哈马德把汽油桶递给我，等我把桶倒空后，再由他拿走。
>
> 阿里·本·哈蒂姆把木棍子拿给我，然后把另一头点着。
>
> 行动结束后，我们从玛塔穆巷子撤离，再从那里穿过盐滩地，去朱拜勒。

商量好计划，我们朝英国司令官的宅院走去。那辆车的尾部对着敞开的大门，车头朝南，在我们和车之间隔着一道水泥墙。我爬到了车下面，看见警卫伊本·马兹罗姆坐在靠近车前轮的地方，坐在他旁边的是船夫阿巴杜，他用一条小船在马莱迦和莱雅之间为人们摆渡。我听见阿巴杜在对马兹罗姆说，他要失陪一会儿，因为要赶在打烊之前去店里买些面包，马兹罗姆对他说："还没到时间呢。"

我从车底下钻出来，向哈马德要汽油桶，我把汽油倒在汽车油箱的正下方，又让他把空油桶拿走。接着，阿里·本·哈蒂姆把那根木棍递给我，棍子一头绑着的旧布片浸着汽油，他把布片点着。我把棍子放到车下面，火苗一下子蹿了起来。我们三人立刻撤退到玛塔穆巷子，从那里看见阿巴杜拎着水桶跑向海边，取水灭火。然而，司令官的汽车油箱发生了爆炸，阿巴杜无法靠近，束手无策。

我们三人一路逃到盐滩地，接着又从那里跑到朱拜勒，然后再返回爆炸地点。人们围在烧得只剩架子的汽车四周议论纷纷，我们也在人群中。

到了1957年11月10日，全城都在谈论汽车被烧的事，整个卡西米亚学校也在谈论这件事。那一天，英国政治代表乘车从迪拜来到我们学校，他的车上插着英国国旗。英国政治代表下了车，径直进了校长穆罕默德·迪亚卜穆萨先生的办公室。没过多久，代表从校长办公室出来，上了车，离开学校。

我一直从教室窗户里观察着学校里发生的一切，不放过任何一个细节。我看见学校的看门人奥贝德·塔齐走出校长室，朝我们教室走过来。他敲开了教室的门，对我们的老师说："校长要见苏尔坦。”

于是老师命令我去校长室。

校长穆罕默德·迪亚卜·穆萨先生并没有直接进入正题，而是先让我去校长办公室前面的操场，数在校学生的人数。我对他说：“我知道学校有多少学生，一共617人。”

穆罕默德·迪亚卜先生对我说：“你想毁掉你的兄弟们受教育的机会吗？也想同样毁掉在法蒂玛·扎赫拉学校的姐妹们吗？除你之外，我没有，也不会对其他任何人说这样的话！回到自己班上去！”可以断定的是，我的兄弟姐妹们不会因为我受到牵连。我决定继续自己的抗争，不理会校长的警告。

第四次行动

我回到了教室，抗争的决心比以往任何时候都要坚定。我下次再行动的话，那一定会是一次重大行动，将震惊世界！三架英国飞机将被烧毁，这三架飞机可能在塞得港杀害过妇女和儿童。为了这次行动，我事先从城里的垃圾堆里收集了很多碎布片。那天到了放学时间，我们准备离开教室的时候，我凑到穆罕默德·本·苏尔坦的耳边，悄声对他说：“就在今天行动，昏礼过后！”

在学校的操场上，哈马德·曼奈朝我走过来，我告诉他：“今天昏礼后我们碰头。”

哈马德问：“我要带阿里·本·哈蒂姆一起来吗？”

我回答说：“不用了。这次穆罕默德·本·苏尔坦要来，我已经跟他说好了。”

昏礼后，哈马德·曼奈和穆罕默德·本·苏尔坦准时出现。

他们带来一个敞口的汽油桶，为了方便携带，我事先在桶上安了两个把手。汽油桶里放着一根长绳子，上面缠满了碎布片，绳子一头绑着一块石头。到时候我会把石头扔进战斗机的进气道，石头的惯性会拖着绳子从进气道的另一头出来。缠在绳子上的碎布片浸满了汽油，只要把绳子的一头点着，整个飞机就会烧起来。

我们沿着沙迦城通向英国基地的公路来到基地，趴在路边的缬草和滨藜丛里，这样既可以躲过来往汽车的车灯，行人也发现不了我们。我们要等到沙迦的工人到基地上夜班的时候，才能开始动手。

我对两个同伴说我过去观察一下动静，便迅速出动了。回来的时候，我告诉他们：有两个英国士兵站在旅馆门口喝啤酒，他们每人都拿着上了刺刀的步枪；他们要在那里待一会儿，才会回到飞机库站岗，在他们回到机库之前，我们的行动应该已经结束了。

这时候，穆罕默德·本·苏尔坦开始胆怯了，他说："我不会跟你去的。"

"为什么？"我问他。

他说："你刚才说他们有枪，还有刺刀，可你连一把刀子都没有！"

"我有信心，信心的力量胜过刀枪。"我这样回答。

这时，哈马德·曼奈插话进来："那就让他回去吧，我会和你坚持到底！"

"你赶快跑，不要停，"我对穆罕默德·本·苏尔坦说，"他们会开着车追赶我们，跟上次在电报电话中心一样。"

等到穆罕默德·本·苏尔坦跑回沙迦城，我才对哈马德·曼奈说：“开始吧！穆罕默德耽误了时间，现在动手已经很晚了！”这时候，四周静悄悄的，只有蛐蛐的叫声，我们藏身的地方蛐蛐尤其多。

我问哈马德：“你听见了吗？”

“什么？”

“蛐蛐的叫声。发现情况，你就学蛐蛐叫，给我发报警信号。”

我俩这会儿来到了为三架战斗机照明的电灯柱下面，地面上有一块电灯柱投下的阴影。

沿着大路有一排石鼓，把大路和飞机库隔开，我俩就躲在石鼓的阴影里，我们的前面是中间那架飞机。

我理出绑着石块的绳头，低声对哈马德说：“等我爬到飞机下面的时候，把石块连同一节绳子扔给我。”

我们藏身的地方离中间那架飞机很近，我爬了过去。这种型号的飞机机身不高，离地高度也很小，机身投下一片阴影。突然，我听到了“唧唧唧”的声音。

我回过头，看见哈马德指了一下南边。再回头时，看见有四条人腿在向我靠近，我只能看见膝盖以下的部分。我把身体靠近飞机的一个轮子，因为身体瘦小，而且穿着深色的衣服，我和轮子融为一体。

两个英国兵走到第一架和中间的那架飞机之间，其中一个对另一个说：“我们抽支烟吧。”

另一个士兵说：“这儿不能抽烟，得离飞机远点儿。”

于是两个人走到几米外的地方，开始点烟，但火总是被风吹灭。为了把烟点着，只好彼此靠近一些。趁着这个时间，我已经爬到了石鼓那里，而且又接着向远处爬。爬了一会儿，我站起身来，发现哈马德正在等我。

“你的计划呢？！”他说。

我回答说：“仅仅晚了几分钟，却带来了大问题。和穆罕默德·本·苏尔坦的争论，耽搁了我们的时间。”我接着又问哈马德：“汽油桶呢？”

“我把它放在石鼓那边了，离中间那架飞机很近。”他答道。

我接着说：“那两个英国兵经常会坐在暗处的石鼓上，就是你放汽油桶的地方。我们再等等，等他们口渴了，去旅馆找喝的。”

过了一会儿，我们回到机库，完成我们的行动。这时，我看见一群士兵和几辆军用汽车正在接近我们放汽油桶的地方。我对哈马德说：“英国人发现了汽油桶，赶快离开这里！”

那几辆军车开始用车灯在我们的藏身之处照来照去，然后向沙迦城的方向开去。我们立即向北朝沙漠的方向跑，这样我们就能从北面回到城里，因为我们来的时候走的是城南。

晨礼

我赶在天亮前到了家，进了我们睡觉的大房间。我们把这个房间称作“马赫赞”（大卧室），几乎全家人都睡在里面。

我父亲睡在房间一侧的床上；我母亲带着我的弟弟阿卜杜拉和妹妹娜依玛，睡在地上的垫子上。在“马赫赞”另一侧的角落，还有另外一张床，我偷偷溜到床上，躺了下来。但是，我却无法入睡，一直醒着，直到我听见母亲叫父亲的名字：“穆罕默德……穆罕默德……”这时候，父亲正在起床，准备晨礼。

父亲应声答道：“什么事啊？”

母亲说："你要好好说说这孩子。有好几天，他都是天亮才到家！"

"我感到无地自容，没脸跟他说。"父亲答道。

母亲问父亲："你自己的儿子怎么会让你无地自容呢？"

我父亲从床上下来，进了浴室，进行晨礼前的净礼，我们把这个过程称为"卡提亚"（意为"分开"）。净礼后，父亲站在浴室的门口，喊我的名字："苏尔坦……苏尔坦……"

"嗯？"我应声答道。

父亲对我说："净礼，然后我们去清真寺。"

我很快起了床，正要进浴室的时候，我父亲的身体挡在了门口。我想从父亲和门之间挤进去，但父亲的双手抓住了我的肩膀，让我正对着他。父亲的眼睛盯着我，那眼神似乎在问：

"你就是那个人吗？"

我点了一下头，似乎是说："是的……是我干的。"

父亲把我抱在胸前，亲了我一下。母亲听到父亲亲我的声音，不解地问："你真是个怪人。你不但没有因为他的行为责打他，反而还亲他！"

父亲回答说："玛丽亚姆，这个孩子做到了我无法做到的事情。"

父亲说话的时候，一直盯着我的脸。这时，传来了宣礼员召唤人们晨礼的呼拜声……

真主至大，真主至大……

第七章

沙迦记事

沙迦城是一个平静的城市。每天一大早，工人和职员们就走出家门，到城南的机场或英国基地上班。随后，学生们也从家里出来，男生们到位于沙迦城和机场之间的卡西米亚学校，女生们则到市中心的女校。

1958年和1959年两年，沙迦城发生了许多事，下面记述的是其中的几件。

驱逐教师

1956—1957学年结束的时候，在科威特驻迪拜办事处的英国职员的要求下，迪拜学校的巴勒斯坦校长哈西姆·伊玛拉先生被驱逐出迪拜。迪拜是“科威特教育援助团”总部所在地。同一时间，沙迦卡西米亚学校的巴勒斯坦教师法伊兹·阿布·纳吉先生也被驱逐了。他们被驱逐的原因都是煽动学生反对英国。沙迦酋长谢赫萨克尔·本·苏尔坦·卡西米想方设法要留住法伊兹·阿布，其中一个理由是，他是自己儿子的家庭教师，但是没能成功。由于沙迦发生的一系列事件，英国人决定禁止校长穆罕默德·迪亚卜·穆萨先生回沙迦，这是对卡西米亚学校最大的威胁。1957—1958学年开学的时候，卡西米亚学校成了没有校长的学校。于是，驻迪拜的科威特办事处要求从现有教师中任命一名代理校长，直至新校长到任。

穆罕默德·迪亚卜·穆萨先生到卡西米亚学校任教后，学校每年都要增加不少活动项目，教学质量也在提高。学校上一次的活动是一年一度的运动会，每年4月份举办。届时，各酋长国的酋长都会来观看，还有大批来自迪拜、沙迦和阿治曼的观众。另一项活动就是演出话剧《戴面具的荣誉》，这是巴勒斯坦诗人马哈茂德·高奈姆写的一部著名话剧。我在剧中扮演主要人物贾比尔·艾扎拉特·吉拉姆，这个名字的字面意思是“为圣人纠正错误的人”。开斋节过后，几位酋长国的酋长和很多市民观看了我们的演出。市民们买票观看，开斋节期间就买好了票。我们演出的收入有大约32000卢比，多数来自酋长们的捐赠，其中迪拜酋长谢赫拉希德·本·赛义德·阿勒马克图姆的捐赠最为慷慨。这笔钱将用于卡西米亚学校修建新教室。

在科威特参加中学考试

1957—1958学年，我们读中学四年级。学年末是沙迦卡西米亚学校中学结业考试的时间。这是卡西米亚学校第一次要求考生到科威特参加考试。

我们共有18名考生，科威特教育部包租了海湾航空的一架飞机，经巴林把我们接到科威特。负责此行的督导员是贾西姆·本·赛义夫·米德法先生，穆罕默德·迪亚卜·穆萨先生的弟弟，西德基·迪亚卜·穆萨担任他的助手。

到达科威特机场的时候，检查我们护照的官员大笑起来，他告诉了第二个人，然后是第三个，接着是第四个。其中一个官员一边笑着一边在我们的护照上盖入境章，把护照还给我们的时候，他问："你们都是同一天出生的？"

我们不知该怎样回答，因为我们根本不明白他想问什么！后来看了护照我们才明白，埃及宣道团的加里卜·阿卜杜勒-萨利欣在填写护照的时候，把我们的出生日期都写成了1942年1月1日，结果闹出了笑话。在科威特期间我们住在舒韦赫[1]中学的12号学生宿舍。考试进行得很顺利。

考试结束后，科威特教育部的一辆大巴车把我们带到艾哈迈迪[2]，参观那里的城市和石油设施。离开科威特回沙迦前，我们有一天自由活动时间，我雇了一辆车去科威特城外的阿布-胡莱法中学，看望以前的校长穆罕默德·迪亚卜·穆萨先生，他现在执教于这所中学。我问他："1956年沙迦发生那些事的时候，你为什么唯独警告我一个人？"穆罕默德·迪亚卜·穆萨先生回答说："你的几位任课老师告诉我，苏尔坦·卡西米正处于一种特别的心理状态，和以前相比，判若两人。他们说你是一名非常优秀的学生，上课时，无论老师在什么位置，你的眼神总是跟着他们，即便老师走到教室的后排。但是在那一天，你上课走神了。"

我们乘坐海湾航空的包机，从科威特返回沙迦。因为飞机要在巴林加油，我们需要办过境手续。我们的飞机在巴林一降落，就有检疫官登上飞机，检查我们的健康卡。这时我们发现，带队

1　科威特港口。

2　科威特石油公司总部所在地。

的人把健康卡忘在了科威特。

检疫官说：“你们必须注射疫苗。”

我上前对他说：“我们在巴林没有任何事情要办。”

检疫官的答复是：“你们必须随身携带健康卡。”

我打开自己的护照，对他说：“您看，这是科威特的入境章，这是出境章。那么，科威特人怎么让我们入境的呢？”

检疫官说：“这不是我该关心的问题。”

于是，我一边挽起袖子，一边对他说：“看看，我接种的伤口还在化脓呢！”

他回答说：“这只是你胳膊上的伤口而已！”

我对其他同学说：“让他看看你们的胳膊。”

同学们都露出了胳膊，可是检疫官依然很固执：“即便如此……你们也必须接种疫苗。”

“以真主的名义，”我说，“我们绝不会这么做！”

检疫官说：“以真主的名义，你们的飞机哪也去不了！”我们坐在那里等了差不多一刻钟，同学们都恳求我同意接种疫苗。“只是用手术刀留下一个小小伤口而已。”他们这样劝我。检疫官让我们所有的人下飞机，去候机楼，我们在那里一直等到检疫官再次出现。

我问他：“给我们接种的医生在哪里？”

“我就是。”他答道。

我一脸惊讶：“是您？！”

“我难道不够格吗？我必须是个外国医生才够格？”

“那倒不是。您刚才就可以为我们接种，那会儿我们正好都挽着袖子呢。”

“飞机上没有疫苗，疫苗在这个冰箱里。”

检疫官这会儿变成了医生，他为我的同学们一个个接种了疫苗，最后只剩下我和医生在房间里。

我对他说：“我发过一个誓，如果我违背誓言，就会死。我想，您不会希望我死吧。”

“不，当然不会。”他说。

我接着说：“把手术刀给我，我会在您的监督下，自己在胳膊上划一刀。”

“我同意。”他回答说。

就这样，我为自己接种了一次疫苗。

子弹卡壳

1958年年末，沙迦城出现了许多流浪狗，酋长谢赫萨克尔·本·苏尔坦·卡西米下令处理这些流浪狗。

一天晚上，从城堡的院子里传来枪声，于是我从家里出来，想看看出了什么事。半路上遇见一名士兵，他刚射杀了一条狗，正用枪瞄着另一条。那条狗试图寻求我的保护，但还是被子弹射中了椎骨，栽倒在地。从此，这条狗只能拖着不能动弹的后半个身体走路。

我把打狗的士兵骂走了，然后把受伤的狗带回家治伤，还给它做了个木头狗窝。我对这条狗悉心照顾，给它喂食、喂水、洗澡，一直到伤口愈合。每次我离开的时候，这条狗都要拖着后半个身体跟在我后面。我想抱它回狗窝，它却和我玩耍起来，两眼看着我，似乎是在恳求我留下来陪它。

我每天放学回家后的第一件事，就是要看看这条狗是否安然无恙。有一次，我发现它浑身湿透，而且在发抖！是谁把它弄得浑身湿透？！又是谁把绳子套在它的脖子上？！

我从地上的痕迹发现，这狗是拖着水淋淋的身体从西门进来的。我顺着地上的痕迹往前走，发现狗是从海边的集市走回来的。我向集市里的几位店主打听，问他们有没有看见一条瘸腿的狗路过。他们说，有人拽着拴在狗脖子上的绳子，拖走了一条狗，把它扔进海里。那人想把狗淹死，但那条狗游走了，没见它回到岸上。后来我回到家的时候，发现狗已经死了。

还有一次，城里的一群年轻人在围着一名士兵，看他用枪瞄准一条在垃圾堆里嗅来嗅去的狗。人群中有一个人，穿着打扮和我们差不多，藏在我们中间，一点不起眼。有人跟他搭话，他就指指自己的耳朵，表示他是个聋子，然后又指指自己的嘴，似乎表示他还是个哑巴。他的嘴里只能发出“哦哦……啊啊……”的声音。

士兵的步枪对着那条狗，每个人都在等待着枪响。“咔嗒”，我们听见扣动扳机的声音。

突然，那个只会“哦哦……啊啊……”的人开了口：“没打中。”

很显然，这人是个骗子。沙迦城里的这几个年轻人顿时对打狗没了兴趣，转而对付这个家伙。有人一把抓住了他，但是被他挣脱，逃出了沙迦城。

后来知道这人是英国人的间谍。

沙迦城里住着一位名叫赛义德·阿卜杜拉的人，自封“俾路支人的首领”。20年前，因为反对伊朗国王礼萨汗[1]，赛义德·阿

1 巴列维王朝的国王。

卜杜拉和许多俾路支人逃亡到沙迦，并且定居下来，后来又取得了沙迦国籍。赛义德·阿卜杜拉拥有沙迦护照，是沙迦酋长谢赫萨克尔·本·苏尔坦·卡西米的侍卫之一。这些年来，酋长每月付给他200卢比。

1958年12月9日，沙迦的一名俾路支人和他的妻子发生了争执。他被带到了酋长谢赫萨克尔面前，听候发落。酋长说这件事应交给沙迦法官谢赫赛义夫·米德法裁决。于是，谢赫赛义夫被要求裁定这桩夫妻官司。

赛义德·阿卜杜拉听说此事后，不同意俾路支人把案子交给谢赫赛义夫。12月11日的晚上，他来到酋长的大马吉利斯，面见酋长谢赫萨克尔本人，声称俾路支人由他管辖，他们之间的矛盾理应由他调解。谢赫萨克尔对赛义德·阿卜杜拉的抗议已经感到厌烦，要求他保持安静，并让他离开马吉利斯，但是赛义德·阿卜杜拉突然拔出手枪对准了谢赫萨克尔。埃及教师穆罕默德·阿布-马提这时也在马吉利斯，他从背后袭击了赛义德·阿卜杜拉，并夺下他的手枪。谢赫萨克尔从侍卫手里抓过一支步枪，对着赛义德·阿卜杜拉扣动了扳机。可是枪没响，谢赫萨克尔再次扣动扳机，可还是不见子弹射出来。几名卫兵上前按住了赛义德·阿卜杜拉，一顿痛打之后，把他关进了监狱。

赛义德·阿卜杜拉是伊朗政府通缉的要犯，谢赫萨克尔放出狠话，要把他交给伊朗政府。于是，米尔扎·贝尔库特出面调解，他把赛义德·阿卜杜拉接到阿曼，并保证他不会再回沙迦。米尔扎·贝尔库特是阿曼巴提奈海岸俾路支人的总头领。

1958年12月底，俾路支人居住区的一处棕榈树枝搭建的帐篷失火，女主人被烧死，她的丈夫被指控纵火。

这名俾路支男子遭到了逮捕和审判，法官判他枪决。赛义德·阿卜杜拉这个时候已经不在沙迦，所以也就没有人替他说话了。他被带到沙迦城外离那棵菩提树不远的地方执行枪决，这里通常是举行开斋节庆典的地方。

和许多人一样，这时我正准备出门去看行刑，大家都在匆忙赶往城外的菩提树。在家门口，我看见了那个过去常为我家打扫屋子的俾路支女人，她一动不动地站在那里，泪流满面。她问我："您这是要去哪里？"

我说："去看行刑。"

"千万别去！"她说。

我问她："为什么不去？"

"他是冤枉的！"

"这是怎么回事？！"

她说："我是那个被烧死的女人的邻居，我们两家的帐篷之间没有隔墙，也没有栅栏。着火的那天，她丈夫并不在家。她做饭的时候，帐篷着了火，结果被烧死。"

"你有证据证明这一切吗？"我问。

"有证据，住在我们那里的人都能证明。"

没等那个女人把话说完，我拔腿就跑，一口气跑到了菩提树下。我看见那个就要被枪毙的男人手和腿都绑着，从沙迦城里赶来的人们围了好几层，等着看枪毙犯人。刽子手名叫萨利姆·巴蒂尼，是行刑和剁手的行家，他正在给枪上子弹，准备行刑。

我站到萨利姆·巴蒂尼的面前，叫他不要开枪。我告诉他："这个人是无辜的，我有证据！"

我一把抓住枪管，结果枪口调转了方向，正对我的前胸！刽子手大喊："抓住他！子弹已经上膛了！"

有几个卫兵冲过来把我抓住，我不得不松开枪管。萨利姆·巴蒂尼用枪瞄准俾路支男子，扣动扳机……但是枪竟然没响！

我声嘶力竭地大喊："够了！！别再开枪！！"

我试图挣脱卫兵，然而却动弹不得。接着萨利姆·巴蒂尼重新瞄准，枪声过后，俾路支人一头栽倒。我跑过去，想送他去医院抢救。但是，我扶起他的头，发现他已经死了，两只睁得圆圆的眼睛正对着我，好像在对我说"谢谢"。

离别父母

1957年，卡塔尔酋长的儿子，谢赫穆罕默德·本·阿里·阿勒萨尼，娶了我的妹妹娜依玛。因为妹妹年纪还小，我母亲陪她去了卡塔尔，从此，我们家缺少了生机。1958年，妹妹出嫁一年后，我去卡塔尔看望母亲和妹妹。妹妹这时候已经生了一个儿子，取名阿卜杜拉。

距第一次来卡塔尔已有三年时间。这次我在那里住了一个月，游览了城市、村庄和海滨，目睹了卡塔尔三年来的发展变化。有一天，我去了多哈港，看到那里有许多满载货物的木船，它们来自海湾地区的所有港口，另外也有从印度、巴基斯坦和东非来的船。在港口的一侧，有几辆卡车在向海里倒石头，我问这是在做什么，他们告诉我这是在建设多哈新港，刚动工。

卡塔尔没有山，这一车车的石头是从哪里运来的呢？我驾车跟着这些卡车，发现石头来自一个采石场，在多哈南边几英里远的地方。这些乳白色的石头竟然是从沙漠里开采出来的。

1958年7月初，我决定乘飞机回沙迦。飞机途中降落在数月前刚建成的阿布扎比机场。机场由一座临时候机楼和跑道组成，跑道修建在改造过的盐滩地上。我们的飞机降落时冲出了跑道，一个轮子陷进松软的盐滩地里，导致机翼触地。一辆汽车从候机楼方向疾驰而来，车上的人查明情况后，又开来一辆四轮驱动的车，司机从车上下来。他叫马沙拉，是沙迦人。他先挖开飞机轮子四周的土，然后把一根钢缆绑在起落架上，用他的车把陷进盐滩地里的飞机拖了出来。

阿布扎比机场方面决定让巴林的一架飞机送我们去沙迦。去沙迦的乘客只有两个人，我和易卜拉欣·本·纳萨尔。我们上了马沙拉的车后，他带我们到阿布扎比海滩的一家棕榈屋餐馆吃午饭。饭后，他又带我们游览当地的重要景点，阿布扎比城堡是其中的一个。城堡是白色的，从城堡的塔楼可以眺望城外远处零零散散的市镇和村落，它们和阿布扎比城之间隔着柔软的白色沙漠。海摊上竖立着几处建筑，属于在阿布扎比经营的几家公司。

我问马沙拉：“从巴林来的飞机是专门接我和易卜拉欣的吗？”

马沙拉说：“你们先前乘坐的那架飞机上运了很多黄金，所以飞机的轮子陷进了盐滩地里。从巴林来的飞机是装运这批黄金的。”

这批黄金将从巴林运到沙迦，再从那里走私到印度。

新学年开学前的一天晚上，我父亲在浴室里滑倒，大腿中部骨折。父亲摔倒时我是离他最近的人，我把他扶上车，送他去迪拜的阿勒马克图姆医院。

父亲的孩子和亲戚们都拥到医院看望他，了解伤情。我哥哥哈立德和医生商量父亲的治疗方案，最后决定把他转到卡塔尔治疗。我和哈立德坐飞机去了卡塔尔，但我在那里只待了很短的时间，就回沙迦上学了。

在卡塔尔的医院里，我父亲的断骨无法接上，医生们又决定把他转送到贝鲁特的巴比尔医院接受手术治疗，要在骨腔内插入一根金属棒。1959年初，手术完成并取得成功，一个月之后我父亲就能重新用双腿走路了。

但是，1959年2月4日凌晨，我父亲突然中风，那时他还在贝鲁特。家人给沙迦酋长谢赫萨克尔·本·苏尔坦·卡西米发了电报，告知我父亲的病情。萨克尔本人赶到贝鲁特，探视叔父的病情。

卡塔尔政府驻黎巴嫩的代表立即请求英国大使馆从伦敦派一名优秀的外科医生，为我父亲进行紧急手术。1959年2月5日下午两点半，一架英国海外航空公司的飞机抵达贝鲁特，飞机上是盖伊医院的英国外科医生穆雷·法克那，他一年前曾为哈米德·弗朗吉亚做过类似的手术。随行的还有他的助手汉密尔顿医生。

法克那医生一到医院就为我父亲做了手术。父亲恢复了神志，但他的一只手和一条腿却留下了后遗症。1959年3月初，父亲回到沙迦，但他再也不能起床了。

沙迦火灾

1959年3月的一个下午，强劲的南风（“苏海利”）带来了沙尘暴。就在这个时候，靠近俾路支人居住区的地方发生了火灾，火借风势蔓延到俾路支人的房屋。沙迦的俾路支人是伊朗国王礼萨汗的反对者，他们当中不少人曾经是赛义德·阿卜杜拉的追随者。赛义德·阿卜杜拉已在数月前被驱逐出沙迦，如今到了阿曼首都马斯喀特。

大火一间接一间地吞噬着房屋，棕榈枝叶被烧成猩红、炽热的灰烬，在火苗前面飞舞，飞向远处盖着棕榈叶屋顶的房屋。俾路支人居住区和邻近地区的房子全是棕榈屋，所以大火席卷了整个地区，大火过后，房屋无一幸免，当地人顷刻间无家可归。

火灾发生后的两天，几架伊朗飞机飞抵沙迦机场，运来帐篷和毛毯，伊朗政府还向沙迦酋长谢赫萨克尔·本·苏尔坦·卡西米支付了10万卢比，用于赈济灾民。

军用飞机在沙迦坠毁

1959年3月10日的上午，我们正在教室上课，突如其来的爆炸声震得教室的墙壁直晃。同学们来到教室外面，看究竟发生了什么事。原来是一架英国“猎手”战斗机坠毁在离学校只有几百米的沙迦机场。

这并不是沙迦机场唯一的一次坠机事故。这次坠机之后，1959年7月5日，一架“堪培拉”轰炸机在沙迦机场坠毁。当然，这两次坠机事故都与我无关。

第八章

伊朗之行

我家附近住着一位名叫贾法尔的医生，伊朗人，1958年他在沙迦开了一家诊所。贾法尔医生的弟弟从伊朗来看他时，他介绍我认识了他的弟弟。见过几次面后，贾法尔医生的弟弟邀请我同游伊朗。

我也邀请了几位朋友：塔里亚姆·本·奥姆兰·本·塔里亚姆、他的兄弟阿卜杜拉·本·奥姆兰·本·塔里亚姆、穆罕默德·本·哈马德·沙姆希，还有雅各布·本·优素福·杜希。他们都答应与我同行。

我请卧床的父亲给拉赫玛尼少将写了一封信，拜托他照顾我们。拉赫玛尼少将是伊朗政府的官员，几年前我父亲在德黑兰治病的时候，他负责照顾我父亲。

那封信是贾法尔医生用波斯文代写的，我父亲盖上了自己的印章。我们租了一艘汽船，准备从沙迦渡海到伊朗海岸的林伽。

1959年7月末的一天，昏礼过后，我们一行，包括贾法尔医生的弟弟，上了船，船长阿巴杜是个年轻人，舵手是位老者，名叫哈勒凡，船东方面除了他俩，没有别人。

船在航行中的时候，塔里亚姆·本·奥姆兰和贾法尔医生的弟弟之间发生了激烈的争吵，他们中一个是贾迈勒·阿卜杜尔·纳赛尔狂热的支持者，另一个却对伊朗国王礼萨汗无限爱戴。我尽我所能地把塔里亚姆的观点翻译成波斯语，但是有很多话被我漏译，也有的词被我译错，结果造成两人间的怨恨。他们一个抓住我的右手，一个抓住我的左手，等着我翻译。那些我不知道的波斯语词汇，我是无法翻译的，比如像“不结盟国家”之类的词。

我从他们的争吵中脱身出来，上了船艏，看见船长阿巴杜坐在那里。他跟我说起一些关于大海的可怕的事情。他正说着话的时候，一艘巨型油轮从我们旁边经过，世界石油市场是它的目的地。油轮离我们的船很近，阿巴杜跳进机房，一边对我说“把舵柄朝左打”，一边开足马力，全速前进。船上的其他人都睡着了，包括掌舵的哈勒凡。和巨大的油轮相比，我们的船小得可怜，经过油轮的船头时，我们的船头上翘，船尾似乎就要被海水淹没。这时，油轮引擎的声音变了，船长阿巴杜大声说：“油轮已经看见我们啦！！！他们正在停下来。”

我问：“天这么黑也能看见？”

阿巴杜答道：“他们看见了桅杆上的灯光。”

我们的船全速向前，油轮被甩在后面，这时候油轮已经完全停了下来。我们的船转舵至油轮的左侧，船长阿巴杜也把船停了下来。

我问他：“为什么要停船？”

他说：“调整一下航向。”

阿巴杜站起身，取出一只大罗盘，借着灯光转动起来。那灯是从桅杆上取下来的。他一直在那里自言自语，最后，似乎做出了某种决定。他说："好啦！我已经找准了航向。"

我问阿巴杜："如果我们不理会油轮，而且在油轮停止后继续往前开，会不会更好一些呢？"

"如果这样做，我们就完蛋了。"

"为什么会这样呢？"我问他。

他回答说："按照这样的速度跟在油轮后面，油轮掀起的大浪会打翻我们的船，我们将葬身鱼腹。"

我们继续航行，直到阿巴杜停船，让我放下船锚。

"但是我们还在海里呢！"我叫了起来。

他说："前面就是林伽。"

我放下船锚，坐等黎明的到来，好一睹林伽的真容。

"真主至大……"远处传来清真寺宣礼员的呼拜声，晨礼的时间到了。

我还能听见远处传来断断续续的鸡叫声和各种轻微而杂乱的响动……

海岸上的建筑面东而建，从南向北延伸。此时，在我们的身后，东方破晓，曙光映照下，岸上的建筑泛着金光。太阳升起时，这些建筑变成耀眼的白色，传统的建筑装饰纷然呈现，美不胜收。这些都是千百年前阿拉伯祖先的杰作，那时候阿拉伯人统治着波斯湾沿岸国家，那里的居民大多数也是阿拉伯人。

上岸的时候，迎接我们的是艾哈迈德·本·阿卜杜拉·萨迪，他也收到了我父亲的信。我们被带到里斯·萨迪家族的客房里。里斯·萨迪是当地的富商，是很多商船的代理。那时候林伽没有旅馆，里斯·萨迪交际广泛，访客众多，自设客房招待宾客。

去设拉子[1]途中

我们本打算从林伽乘飞机去设拉子，但是航班被取消了。里斯·萨迪一家人很慷慨，一连招待我们好几天。最终我们只好租了一辆汽车去设拉子。

拜访林伽市长办公室后，我们收到他的一封信。有了这封信，我们就能顺利通过沿途的缉私检查点。

我们上了车，车的驾驶室有顶，后面的车厢是敞开的。贾法尔医生的弟弟把两大箱在林伽没交关税的走私物品，还有几包我们的衣物装进车厢，然后用毛毯子和睡垫盖上。司机同时也是车的主人，名叫迈尔祖格，是优素福·杜希的助理机械师。优素福·杜希是我们的同学雅各布·本·优素福·杜希的父亲，在沙迦经营一家汽车修理厂

离开林伽的时间是下午，我们一路向西，向山区进发，海岸离我们越来越远。经过远离林伽的拉斯布斯塔纳和希纳斯两个村庄后，我们进入了草木丛生的平原地带。突然，一群士兵拦下我们的车，其中有一个穿军用衬衣和军裤的瘦子，从他发号施令的样子可以看出这人是个军官。他从树里钻出来，下令对我们进行检查。见此情景，贾法尔医生的弟弟对军官说："我们有林伽市长的亲笔信，信中说我们不需要被检查。"

军官回答说："林伽市长的命令只在林伽有效，在这里不管用。"

军官掀起我们一路坐的毯子，发现了那几个包。他打开其中的一个，用一只脏兮兮的手在包里翻来翻去，另一只手里拿着林伽市长的信。

1　伊朗第六大城市和最古老的城市之一，法尔斯省省会。

贾法尔医生的弟弟说：“我是设拉子内务部的官员。”

“你看起来一点不像个官员，”军官说，“拿支笔给我。”

贾法尔医生的弟弟递给他一只钢笔，说：“别弄脏了我的笔。”

军官听了很生气，大声喊道：“士兵们！！”

一群士兵从树林里冲出来，围住了我们的车。军官却朝不远处的一个帐篷走去。

去设拉子的路上，我们捎上了一位搭车回村子的老人。这时他说：“军官看见了毯子下面的大箱子。”

军官很快就回来了，身上多了件军服外套。他对我们说：“我要带你们回林伽。”他正要朝我们的车走过去的时候，我拉住了他，并轻轻拍着他的胸口。旁边的一名士兵随即抡起胳膊，就像抡起一根木棍，把我的手打到一边。他一边把步枪的刺刀对准我的腰，一边恶狠狠地责骂我：“你竟敢对长官的胸口动手？！”

我只好举手投降。这时，贾法尔医生的弟弟从车上跳了下来，拉着军官走到一边，我们以为他俩要动手打架，但是贾法尔医生的弟弟却从随身携带的包里取出了几张纸，递给军官看。那军官随即跑回我面前，先是一个标准的立正姿势，然后举手敬礼。接着他一边鞠躬，一边不停地说：“对不起，谢赫，我为我的行为向您真诚地道歉。”

接着，军官转身面向他的士兵，下令列队。整队完毕，军官下令士兵敬礼。

士兵行持枪礼、军官行举手礼的时候，我上了车。塔里亚姆·本·奥姆兰对我说：“别坐在后面，坐到司机迈尔祖格旁边。”我说：“坐在前面太热了。”“到前面坐一会儿，这样才符合你高贵的身份。”塔里亚姆·本·奥姆兰这样对我说。

于是我坐到了司机迈尔祖格旁边，头和右手探出车外，向军官挥手致意。那军官很快就消失在车轮扬起的尘土中。

我们的车正在翻山，在颠簸的山路上左右摇摆。天黑以后，全世界似乎只剩下我们这辆汽车和车灯的光柱。车灯只能照到前方几米远的地方。

穿过一个平原后，车突然停了下来。司机迈尔祖格大声对我们说：“我们到玛古了，大家下车！这里是我的老家！”

大家下了车，有的去厕所，有的开始在地上铺毯子。迈尔祖格不见了踪影，过了一会儿，他带回了食物和水。饭后，我让迈尔祖格带我去玛古酋长谢赫苏尔坦·本·艾哈迈德·马尔祖基的城堡。城堡是一个很大的、有不少窗户的两层建筑，从楼上的窗户向下看，地面空空如也，没有别的房屋。城堡入口连着一条带顶的走廊，两侧有几间马吉利斯。

我们回到车上继续赶路。大家都已筋疲力尽，车一开动，全都昏昏入睡。

司机迈尔祖格大声说话的声音吵醒了我：“我们到库希尔德城了。”我睁开眼睛，看见左右两边都是土坯墙，汽车在穿过库希尔德城的街道。不知过了多久，迈尔祖格又大声把我们叫醒：“我们到巴斯塔克城了，大家下车！你们可以在这里好好睡一觉。”

我们把睡垫铺在地上，四周漆黑一片，什么也看不见。早上的阳光照在我身上的时候，我醒了，睡眼惺忪地东张西望。

眼前有一家商店，商店前面有人在烤面包……

不远处有一幢楼房，虽然看起来有些破败，但还是不难看出这是一户殷实的人家。顶楼的阳台上有一张人脸在向下看，那是一张圆圆的、女人的脸，圆得像月亮。

我们早饭吃的是面包和煎鸡蛋。给店主付了饭钱之后，他仍然把手伸在我们面前，不肯缩回去。

我们问他："怎么了？"

他回答说："你们得加钱！还有路边睡觉的钱！这钱不是给我的……是本地政府收的。"

我们没有理会，上车开了就跑……阳台上的那张圆脸仍然在向下看，我向她挥手告别，她也朝我挥了挥手。

我们经过名叫哈姆德的小镇时，太阳已经升得老高。小镇建在山谷里，距公路大约200米。车在路边一家商店停下，我们进店买了面包和酸奶。商店里热得像火炉，我们只好在烈日下吃蘸着酸奶的面包。这时，从哈姆德镇方向走来一个年轻人，他认识我，邀请我去他家。我婉拒了他的邀请，他转身跑回镇上，不一会儿抱着一只雄山羊回来，要送给我。我感谢他的慷慨，但是婉言谢绝了他的礼物。我们继续驱车赶路，下一站是拉尔镇。哈姆德的年轻人仍然抱着他的羊站在路边，目送我们远去。

当天下午我们到了拉尔镇的一个停车场。一番打听之后，我们找到了里斯·萨迪的亲戚家。里斯·萨迪的亲戚，优素福·巴鲁基正在等候我们的到来。见面寒暄之后，他说："我收到从林伽发来的电报，上面说你们中午到。你们迟到了。"优素福·巴鲁基把我们领到里斯·萨迪家的马吉利斯。马吉利斯整天开着空调，很凉快。墙的四周放着棉靠背，地上有坐垫，我们坐在垫子上，身后靠着靠背。因为很困，大家干脆躺到了垫子上。我伸腿的时候踢到了身边的碗碟，坐起来一看，发现马吉利斯的地板上摆放着各种食物，还有肉、糖果和水果。我把同伴叫醒后，出门去找优素福。不一会儿他就来了，对我们说："这是你们的午餐，请不要客气。"

吃完午饭，我们又喝了一些茶，然后向巴鲁基辞行。

同伴们都上了车，我在车下向优素福致谢、话别。这时候，走过来一位高个子妇人，她走路时前后摆臂的幅度很夸张。那妇人来到我们面前："刚才停车场开来一辆汽车，车上有人打听你家的地址。他们都是些什么人啊？"

优素福回答说："他们是沙迦谢赫的公子，也是里斯·萨迪家的客人。你看，你面前的正是他们。"

"这的确是最新消息！"高个子妇人说，"我现在告诉你们其他的消息：某某人家生了孩子，某某某做成一笔5万里亚尔的生意……"

她说完就走了。

我问优素福："她是谁？"

他告诉我："我们这里的人叫她'百事通'，她就是我们拉尔镇的报纸，天天发布新闻。"

日落之前，我们驾车离开了拉尔镇。

几小时的山路夜行之后，我们的车停在一群警察面前，他们是反走私中心的缉私警，正在查私货。

贾法尔医生的弟弟带着他的包下了车，朝警察们走去。我跟在后面，想听听他和警察们说些什么，我们才能顺利通过沿途的检查点。

贾法尔医生的弟弟对警察们说："这些都是重要人物……沙

迦谢赫的公子……政府的客人。”

贾法尔医生的弟弟说完，拿出了我父亲给拉赫玛尼少将的信。警察看完信后，向我们敬礼，我们随即开车从他们面前离去。

通过这个检查点后，车在路边的一家商店停下，我们下车买食物，等回到车上的时候，发现迈尔祖格和他的助手还没回来。等着等着，我们就睡着了。

我醒来时，感觉车在左右摇摆。向车外望去，我看见山谷深处闪着灯光，原来我们的车正行驶在山顶上，狭窄的道路弯弯曲曲。透过隔开驾驶室和车厢的玻璃，我看见迈尔祖格和他的助手正在喝酒，两人用一个酒瓶，你一口我一口轮着喝，都喝得醉醺醺了。我站起身，双手使劲拍打驾驶室的车顶，直到车停下来。我下了车，打开驾驶座的车门，叫迈尔祖格下车，接着拔下车钥匙，命令他睡觉，而且必须睡到天亮。我把车钥匙一直保管到第二天早上。

天亮以后，我们发现车轮离深谷边缘只有容一人通行的宽度。我们继续驱车前行，车开始下山，进入另一个山谷，接着又开上了一座山。路窄弯急，每次转弯，我们都要下车。车转弯的时候必须万般小心，得先向前开，然后再朝后倒。我们站在车后，准备着把一块大石头放在车轮下面，以防溜车；同时我们还要指挥司机倒车：“倒……倒……倒。”

接着，我们把石头滚到车轮下面，一边指挥司机：“停……停……停。”

我们继续赶往设拉子。那天中午时分，我们到了一个叫贾赫鲁姆的镇子，那里空气宜人，绿色的花园郁郁葱葱。镇子的中央有一个古树参天的公园，树下有一家露天餐馆，我们品尝到了最美味的烤肉和可口的美食。

有人曾经问一位智者：“谁是最好的厨师？”智者回答说：“饥饿！”

在贾赫鲁姆和设拉子之间，有一个叫阿里阿巴德的地方，盛产甜瓜和西瓜，路边就有很多卖瓜的。那天上半夜，在设拉子郊外，我们的车被拦在了一个检查站。除了一个搭车的男孩，我们全都被带下车，汽车也随即被看管起来。那男孩睡醒觉要上厕所，他们都不让。我们几个被领进检查站的一间屋子里，贾法尔医生的弟弟给他叔父打电话，他叔父是设拉子的警察局局长。他叔父下令将我们的车护送到设拉子警察总部，车上的人要严加看管。

我们的车开出了检查站，停车的地方湿了一片，上方正是贾赫鲁姆男孩刚才坐的地方。我们的车行驶在设拉子的街道上，车上站着四名士兵，手中的冲锋枪对着我们。我们几个人挤在一起，车停在街角或路灯下的时候，总有人过来围观。

在设拉子警察总部，贾法尔医生的叔父接见了我们。经他允许，我们开着车，拉着车上的东西进入设拉子城区。贾法尔医生的弟弟把我们放在一家很一般的旅馆门口，他自己带着那几箱私货不见了人影。

在设拉子逗留的三天里，我们参观了这个城市的地标性建筑，并游览了60公里以外的塔赫特贾姆希德地区。波斯波利斯遗址就在这一地区，遗址可以追溯到公元前5世纪的阿契美尼德王朝[1]。遗址上有许多柱子和一座建筑。建筑用玄武岩砌成，上面刻

1　又称波斯第一帝国，是古波斯地区首个征服大部分中亚地区的帝国。

有巨幅壁画，描绘了世界各地的人们向阿契美尼德国王进贡的场面。我自言自语地问：“在人类历史的黎明时刻，进贡的人群中有我们阿拉伯人吗？”

我在壁画上寻找着，找到了一个牵骆驼的阿拉伯人。

德黑兰

到设拉子的第四天，我们租了一辆车去德黑兰。途中游览了伊斯法罕，在伊斯法罕河边我们吃了午饭。午饭地点离三十三孔桥不远，据说此桥已有400年的历史，有33个拱，并由此得名。

在德黑兰，我们下榻国会广场边的一家旅馆。第二天，我们拜访了《伊特拉特报》的所有人兼发行商沙西尼先生，他是易卜拉欣·米德法先生的朋友，讲一口流利的阿拉伯语。易卜拉欣·米德法是沙迦酋长谢赫萨克尔·本·苏尔坦·卡西米的首辅大臣。

沙西尼先生安排我们和拉赫玛尼少将见了面，我把父亲的信交给了将军。

沙西尼先生每天都要过来看望我们，有的时候他还会和塔里亚姆·本·奥姆兰有一番激烈的争论。塔里亚姆·本·奥姆兰狂热地支持贾迈勒·阿卜杜尔·纳赛尔，而沙西尼先生则忠实于伊朗国王礼萨汗。

有一天我们去参观德黑兰天文台。之所以去那里，是因为沙西尼先生有一次问过我们：“你们去看过德黑兰天文台吗？”

塔里亚姆·本·奥姆兰回答说：“赫勒万天文台是当今最好的天文台。”

沙西尼先生侧身过来问我：“赫勒万天文台在哪里？”

“埃及！”我答道。

沙西尼先生附和着说：“我也认为如此！”

伊朗国王礼萨汗发表全国讲话后，沙西尼先生过来问我们：“你们有没有听国王的演讲？”

塔里亚姆·本·奥姆兰说：“在这个时代，贾迈勒·阿卜杜尔·纳赛尔无人能比！国王礼萨汗的演讲只有四句话，阿卜杜尔·纳赛尔却讲了四个小时。”

沙西尼先生反驳说：“国王的演讲字字千金，有的人的讲话却是废话连篇。”

沙西尼先生是个很吝啬的人。有一次他请我们吃午饭，地点是德黑兰城外一家很贵的大饭店，饭钱是我们从旅费中支出的，这笔钱那时已所剩不多。第二天晚上，沙西尼又过来告诉我们说，他在德黑兰最好的餐馆为我们定了晚饭。

管账的穆罕默德·沙姆希不同意去，他推脱说：“苏尔坦和我去不了，我们要去看电影。”

塔里亚姆·本·奥姆兰却说：“既然苏尔坦和穆罕默德想去看电影，那么我和雅各布，还有我弟弟阿卜杜拉，跟你去吧。”饱餐一顿后，塔里亚姆、雅各布和阿卜杜拉三人回到旅馆，向我和穆罕默德讲述了当晚吃饭的经过。

塔里亚姆说：“我们点的都是最贵的饭菜，等到结账的时候，我说要去洗手间。我在洗手间里向阿卜杜拉招手，把他叫过来。沙西尼先生视力不好，没注意到我。等阿卜杜拉到了洗手间，我就不停地向雅各布招手，把他也叫了进来。我们在洗手间等了好长时间，从那里偷偷地望着沙西尼先生，他正东张西望，戴着厚厚的眼镜在找我们。餐馆里的客人都走光了，老板在他身边转来转去……最后，他只好付了账。”

塔里亚姆接着说：“我和雅各布、阿卜杜拉回到餐桌，我拍着手叫道‘结账！’”

沙西尼先生说：“你们是在故意搞鬼！”

记得有一天，拉赫玛尼少将约了和我们见面。他来到旅馆，告诉我们，伊朗国王邀请乌姆盖万酋长访问德黑兰，有一架飞机要去接他，我们可以搭乘这架飞机回沙迦。

塔里亚姆对将军说：“苏尔坦想坐火车。我们已决定先坐火车到霍拉姆沙赫尔[1]，再从那里搭乘英印轮船公司的轮船回沙迦。苏尔坦喜欢乘火车旅行。”

拉赫玛尼少将说：“我们会安排你们乘火车到里海，在那里待几天，等那架去沙迦的飞机。”

里海

和拉赫玛尼少将会面的第二天一大早，两辆汽车停在了旅馆门前，接我们去火车站。和两辆车一起来的还有一位伊朗年轻人，他自我介绍说他名叫拉巴夫，是我们这次行程的翻译。

我们上了火车。火车开动的时候，我们惊讶地发现车长正站在我们面前，他兴奋地叫着我们的名字：“苏尔坦……塔里亚姆！”

车长吻了我们。原来他是我父亲邀请过的客人，几个星期前我父亲邀请他和他的妻子到沙迦做客。我父亲在德黑兰治病期间，他妻子是我父亲的护士。在这次火车旅行中，车长和列车员们对我们格外照顾。

1　伊朗港口城市。

整个白天都在火车上度过，大家都在欣赏车外的美景，只有塔里亚姆除外。他一直在包厢里和随行的翻译争论伊朗国王的各项政策。

终于，火车开进此行的终点站，里海边的班达尔帕赫拉维车站。修建港口之前，这里是一个叫安泽里的镇子。

接我们的是一辆“路虎”越野车。我们随车沿海滨公路西行，前往里海边的查洛斯，并在那里过夜。我们下榻的旅馆是一幢多层的楼房。早上，天空浓云密布，云头很低，几乎贴着地面，毛毛细雨从云中落下。我们上了车，继续沿海滨公路西行，前往著名的度假胜地拉姆萨[1]，到达时已是中午。在拉姆萨，我们住进一家旅馆的别墅，旅馆建在离海边大约3公里的山里。

第二天，我们乘车去海边，这是一条修建得很好的公路，从旅馆的大门一直通向海边休闲区的入口，道路两边除了一座伊朗国王礼萨汗的塑像外，再无其他建筑，塑像正好位于旅馆到海边的中间位置。休闲区有一家赌场。从那里我们开车前往茶叶种植园和炒制茶叶的工厂

在拉姆萨的第三天，我们乘车继续西行，汽车驶离了海滨公路，转向内陆地区。经过稻田的时候，我们闻到了大米饭的香气。

我们的司机沿途不停地打听到雷什特[2]还有多远，根据在地里劳作的农夫的回答，我们知道雷什特越来越近：45公里……30公里……15公里……

我们终于到达了雷什特市，街道两边种着橘子树，那时正是

1　1971年在此地通过了《拉姆萨湿地公约》。

2　伊朗西北部城市。

挂果的季节。

午饭后我们离开了雷什特，前往西北方向的里海沿岸城市阿斯塔拉，此地位于苏联和伊朗边境。一条从山区流向里海的小河是两国的边界。河的两岸安装了许多高音喇叭，两边的喇队在高声对骂。

从雷什特我们返回了拉姆萨。

第四天，我们乘汽车返回德黑兰，途经卡拉杰。1959年8月底，我们搭乘一架伊朗飞机回到沙迦。这架飞机是专程来接谢赫艾哈迈德·本·拉希德·穆阿拉去德黑兰的。伊朗政府邀请海湾地区的酋长访问德黑兰，之前已有几位酋长成行，谢赫艾哈迈德·本·拉希德·穆阿拉因病未能同机前往。

以色列开设驻德黑兰办事处

1959年9月初，伊朗政府宣布以色列驻德黑兰办事处开始工作。巴林随即爆发了抗议示威；在我和塔里亚姆·本·奥姆兰的领导下，1959年9月5日上午，沙迦也爆发了抗议游行。抗议的人群来到沙迦机场，有一架伊朗飞机将要在这里降落，准备接一位酋长去德黑兰。

没等多久，伊朗飞机就降落了。舱门打开，我们看见了拉赫玛尼少将，他正从飞机里向外看。他向我和塔里亚姆带领的抗议人群挥手致意，以为我们是来欢迎他的，我们在德黑兰期间，他对我们照顾周到。拉赫玛尼少将对着我们俩喊：“苏尔坦！塔里亚姆！”安全人员把他推进飞机，但他一边挣脱，一边说：“他们是我的朋友！是来欢迎我的！”

第九章

阿拉伯复兴党

1959年9月，我恢复了沙迦“人民体育和文化俱乐部”的活动，此前，俱乐部已关闭四年。俱乐部是1952年由一群年轻人创办的，当时的董事会成员有谢赫哈立德·本·苏尔坦·卡西米、谢赫穆罕默德·本·苏尔坦·卡西米、谢赫哈马德·本·马吉德、谢赫哈马德·本·马吉德·卡西米、谢赫萨克尔·本·拉希德·卡西米，还有阿卜杜拉·本·主麻·穆塔瓦先生和易卜拉欣·本·奥贝德·沙伊尔先生。

1954年，谢赫哈立德·本·苏尔坦·卡西米离开沙迦去沙特阿拉伯，谢赫穆罕默德·本·苏尔坦·卡西米被任命为东部地区的副执政官。也就是在这一年，俱乐部被关闭了。

以前俱乐部的各项活动只是文化性质的。1959年我重开俱乐部的时候，把英国公共工程部沙迦办事处足球队的总部设在了俱乐部，我被任命为足球队队长后，也成为了办事处的一员。

俱乐部重开后，人们开始来这里会朋友，玩多米诺牌，或者打扑克。塔拉勒·沙拉拉是俱乐部的常客，他是卡塔尔教育援助团派到卡西米亚学校的教师，黎巴嫩人。

由于阿拉伯民族主义的共同信仰，我和塔拉勒·沙拉拉的友谊日渐深厚。一天，他拿给我一本米歇尔·阿弗拉克写的《追随复兴党》。书很厚，我花了好几天才读完。读完后，他问我：“你觉得这本书怎么样？”我回答说：“是一本好书。要是书中的观点都能变成现实就好了！”

塔拉勒·沙拉拉花了一个月时间向我灌输一种思想：如果每个阿拉伯国家都成立一个同样的组织，而且这个组织执掌政权后与其他国家内的相同组织实现联合，那么整个阿拉伯世界就会联合起来。

有一天塔拉勒告诉我，这个组织的名称是复兴党，所有的阿拉伯国家都有这个组织，他让我也参加。

几天以后他告诉我他将对我进行复兴党党员的党籍登记。他把我带到他家，对我说：“你必须有一个宣誓仪式，现在只有我们两个人，但必须有第三人在场。你等一下，我去叫一个人。”他出了房间，回来的时候，身边多了塔里亚姆·本·奥姆兰。我们对视了半天，都惊得说不出话来。塔里亚姆在我之前已经加入了复兴党，但是他却以为我加入得比他早！

塔拉勒·沙拉拉打破了沉默，他说：“苏尔坦宣誓的时候，塔里亚姆是证明人。塔里亚姆宣誓的时候，苏尔坦是证明人。”于是，我和塔里亚姆握手。

1959年的最后几天终于过去，我们迎来了1960年。我们阅读塔拉勒·沙拉拉给我们的传单和书籍，汲取民族主义思想，憧憬统一的阿拉伯文化和教育的未来。

复兴党小组暴露

1960年4月，塔拉勒·沙拉拉找到我，向我抱怨说卡塔尔教育部给他发了函，告知他的教职将在学期末终止。他想亲自去卡塔尔询问此事。但是他又担心，如果持黎巴嫩护照去那里，自己会被扣留。我告诉他，我可以为他办一张沙迦政府签发的临时护照。护照很快就办好了。

塔拉勒·沙拉拉去沙迦机场的时候是我送他去的，第二天黄昏，我又开车去机场接他，带他去沙迦的文化俱乐部。

在去俱乐部的路上，他告诉我从卡塔尔教育部的朋友那里打听到的消息。他说，卡塔尔教育援助团的领队阿卜杜-拉布·萨克尔写了一份报告，说他，塔拉勒，在教师中间成立了复兴党小组。阿卜杜-拉布·萨克尔隐藏在教师中间，把塔拉勒和教育援助团其他教师的活动全都上报了。这些教师和塔拉勒一起被解除了工作合同。

一到俱乐部，塔拉勒·沙拉拉就气愤地跳下车，冲向阿卜杜-拉布·萨克尔，后者这时正坐在塔里亚姆·本·奥姆兰旁边。我一把拽住了他，叫他坐在车里等，我去把塔里亚姆·本·奥姆兰和阿卜杜-拉布·萨克尔叫来。

我把他们俩带到了车上，接着一起开车去塔拉勒·沙拉拉的住处。一进他家的院子，塔拉勒就脱下鞋子抽打阿卜杜-拉布·萨克尔。在我和塔里亚姆·本·奥姆兰的劝阻下，塔拉勒住了手，但依然骂不绝口。我问阿卜杜-拉布·萨克尔，是不是他将老师们告发了，他矢口否认。我接着又问：“那你怎么解释小组里老师都被开除，而你却安然无恙呢？”他支支吾吾，答不上来。于是，拉勒·沙拉拉上来一脚把阿卜杜-拉布·萨克尔踢出了院子。

到了学年末，也就是1960年5月底，被开除的教师都离开了学校。本地的老师走不了，留在了沙迦。塔拉勒·沙拉拉在离开沙迦的人当中，他告诉我，处理完在卡塔尔的事情后，他要回黎巴嫩。临行前，他把自己在黎巴嫩的住址留给了我，另外他还给我一个卡塔尔的邮政代码，他在卡塔尔时我可以写信给他，只是要通过一个理发馆的老板转交。这家理发馆就在多哈的宗教法庭前面。

阿卜杜-拉布·萨克尔也在回卡塔尔的教师当中。我从复兴党方面得到的消息说，阿卜杜-拉布·萨克尔将留在卡塔尔，而不是去加沙，因为他害怕那里有人会暗杀他。

几天以后，我从同样的消息来源得知，在多哈一条大街的人行道上，一辆卡车从阿卜杜-拉布·萨克尔身上碾了过去。我对这一消息的真实性充满怀疑。

舒韦赫中学

在卡西米亚学校读了两年中学后，家人决定让我转学到科威特的舒韦赫中学，完成第三和第四学年的中学学业。

从进入卡西米亚学校，一直到转学科威特，我一直是班上最优秀的学生。所有的学生活动都有我的参与，我是两支童子军的一级队长，同时还是校足球队的队长。每次校运动会，我都要参加6个项目的比赛：我是100米冠军，400米、800米、跳高亚军，跳远、跨栏冠军。

我热心学校的文化活动，用阿拉伯文和英文办了一个墙报，分别是“Al-Taqaddum”和“Progress”（皆为“进步”之意），每周出一期。墙报的所有文章都是我自己动笔写的。学校的艺术活动我也是主力，每个年度展，我都要提交一幅绘画作品，并举办一次展示。有一次展示的内容是农业灌溉方法，还有一次是石油生产活动。另外，年展上从小学到中学各年级的插图，都由我亲手绘制。

1960年9月我来到舒韦赫中学，我们这些新生被安排住在12号宿舍。我把这个消息通知了多哈方面，同时还告诉他们有一位新同志加入，他的名字是阿卜杜拉·本·萨利姆·乌姆拉尼，和我们在同一个班级。这样，舒韦赫中学复兴党小组就把组织关系转到了多哈，组长是苏尔坦·本·穆罕默德·卡西米，也就是我，组员是塔里亚姆·本·奥姆兰·本·塔里亚姆和阿卜杜拉·本·萨利姆·乌姆拉尼。我们都是学生党员。一天晚上，我们回到12号宿舍后，一个名叫穆罕默德·拉姆拉维的人来找我们，跟他一起的还有另外两个人。穆罕默德·拉姆拉维说他要找的人是阿卜杜拉·本·穆罕默德·卡西米，我回答说："我是苏尔坦·本·穆罕默德·卡西米。"

"我们想见你弟弟。"来人说。

"我弟弟不在这里。"我告诉他。

接着他又向我打听苏尔坦·本·萨利姆·乌姆拉尼。

我告诉他："他的名字是阿卜杜拉·本·萨利姆·乌姆拉尼。"

然后他又说要找塔里亚姆·本·奥姆兰。

于是我把塔里亚姆找来，来人把他叫到一边。

来人和他说了一会儿话，然后两人回到我们面前。塔里亚姆向来人介绍说："这位是苏尔坦·本·穆罕默德·卡西米，这位是阿卜杜拉·本·萨利姆·乌姆拉尼。”

穆罕默德·拉姆拉维做了自我介绍：“我是一名复兴党员，专程过来安排你们在科威特的组织活动，这样你们以后就可以参加党的会议。第一次会议的时间是星期四晚上。”

1960年9月，一个星期四的晚上，我、塔里亚姆·本·奥姆兰，还有阿卜杜拉·本·萨利姆·乌姆拉尼三人在舒韦赫中学门口上了一辆出租车。我们在萨法赫附近的一个出租车站下车，进了几步之外的一家咖啡馆。我们在里面喝着茶，待了很长一段时间。接着，我们又上了一辆出租车，来到霍力的一家名叫“霍力之夏”的电影院。

还没开始卖票，我们先在电影院的餐馆里点了一些吃的。售票窗口开了，人们都去买票。入场的时候，我们几个人分开排在队伍里，一旦有谁先到入口，我们就一起闪到电影院旁边的黑暗处。那里漆黑一片，穆罕默德·拉姆拉维正在等我们。他陪我们一起穿过昏暗的霍力街道，来到一户人家，见到了一个名叫穆罕默德·赛义德的伊拉克人。他告诉我们，他刚从巴西回来。

一连几个星期，我们都是这样在期待和恐惧中度过，直到有一天情况发生了改变。那天的会议上出现了很多指责贾迈勒·阿卜杜尔·纳赛尔的言论，塔里亚姆非常气愤，他质问穆罕默德·赛义德：“这是你的个人意见，还是领导层的意思？”

穆罕默德·赛义德回答说：“领导层的意思。”

塔里亚姆决定离开穆罕默德·赛义德的住处，穆罕默德·拉姆拉维试图阻止。但是塔里亚姆决心已定，而且有我们的支持，我们终于离开那里，回到科威特城。

脱离复兴党

我们三人一致同意脱离复兴党。收到父亲去世的消息，阿卜杜拉·本·萨利姆·乌姆拉尼离开学校回沙迦了。塔里亚姆·本·奥姆兰开始与另一群人为伍，其中包括赛义德·沙伊尔，还有他自己的弟弟阿卜杜拉。他们每个星期四和星期五都要去找塔里亚姆在沙比亚的几位叔父。沙比亚属于艾哈迈迪省。

至于我自己，我每个星期四晚上都会在舒韦赫中学门口等出租车，然后去科威特城。有一次出租车迟到了，于是我贴着学校的围墙，朝科威特城方向走去。一辆车突然停在我身边，车上下来两个人，请我上车，说穆罕默德·拉姆拉维先生要见我。我看了一下四周：前面是工业学校，路的另一边是学校的校舍，校舍和路之间有一大片柽柳树；我身后是舒韦赫中学的教师宿舍，宿舍离围墙还有一段距离；街上没有车，也没有行人。

穆罕默德·拉姆拉维在车里叫我："苏尔坦，上车吧，我们捎你一程。"

我回答说："我在等朋友。"

"上车吧，"他坚持着，"我有话对你说。"

副驾驶室的门开了，我弯腰跟穆罕默德·拉姆拉维说话，他的两个同伴想从我身后把车门关上。断定他没有恶意后，我就上了车，两个保镖坐到了后座。

从舒韦赫中学到科威特城，我们谈了一路，只字未提复兴党的事。车到科威特城，我才松了口气。但车没停，而是右转上了环城路。

"我们这是去哪里？"我问。

他回答说："穆罕默德·赛义德要见你。"

我想，自己只能听天由命了。

车子一直开到穆罕默德·赛义德在霍力城的住处。他在家里，紧锁着眉头，看见我时，表现出一脸的不屑。他说，因为我的怂恿，塔里亚姆和阿卜杜拉才脱离了复兴党。

我向他表示了歉意，并试图做出解释，却绝口不提贾迈勒·阿卜杜尔·纳赛尔的事。但是他们不为所动。他们有两个人，还有同车来的两个保镖，而且天色正渐渐黑下来，我真害怕他们会把我在院子里活埋了。我按照他们的做法，以自己的名誉起誓，说下星期四会来参加会议。当然，我是在骗他们。

我请求他们放我走，穆罕默德·拉姆拉维想跟着我。但我以真主的名义发誓，请他千万别这样做。

一出穆罕默德·赛义德的家门，我撒腿就跑。跑得飞快，没人能追上。到了“霍力之夏”电影院，我立即拦了一辆出租车回舒韦赫中学。在接下来的那个星期，我没去参加复兴党的会议。

又过了一个星期，我挑了星期三去科威特城修鞋。复兴党的那群恶魔知道，学生们只有在星期四和星期五可以出校门。我在舒韦赫中学门口上了出租车，在萨法赫附近下了车，打听哪里可以修球鞋和凉鞋。有人告诉我，加拉巴利市场的尽头有一家修鞋铺，在去萨利西亚的方向。

在加拉巴利市场，我和穆罕默德·拉姆拉维不期而遇。

“祝你平安。”我跟他打招呼。

“祝你平安，”他也和我打招呼，“你要去哪里？”

“去修鞋。”我说。

“我和你一起去吧。”他说。

“没必要这样。”

“上星期四晚上我们还等你呢，而你却没来。你用自己的名誉发过誓的。”

“穆罕默德·拉姆拉维，你听好了，”我对他说，“你转告穆罕默德·赛义德，我不属于一个蔑视团结的组织，而团结是我们当初参加复兴党的首要原因。我也不会加入一个辱骂贾迈勒·阿卜杜尔·纳赛尔的政党，因为他是团结的象征，我们也不能容忍这样的辱骂。”

他回答说：“苏尔坦，真主作证，我很看重你。我是替你担心，那伙人……”

“你说什么？”我的语气变得强硬，“真主作证，在我成为你们的晚餐之前，你们会成为我的午餐！”我指了指附近的交通警察，问他：“你看到那位警察了吗？我可以向他揭发复兴党在科威特的全部成员和所有活动，当然，还有卡塔尔和沙迦的复兴党。我的家族会保护我，但是你们所有的人……”

他打断了我的话：“知道阿卜杜-拉布·萨克尔在哪里吗？把所有这些都放到一边，我们还做朋友。”他的话中带着威胁。

“老天会诅咒你们的！”说完，我愤然离去。我简直不敢相信刚才听到的话。

第二天，也就是星期四的晚上，我和一位朋友乘出租车去科威特城。我让司机送我们到米尔卡布区，因为我要去那里见一位名叫拉希德·本·阿里·本·迪马斯的朋友。他是在科威特工作的沙迦人，我想让他陪我去修鞋铺。

拉希德·本·迪马斯家锁着门，我只好进了他家门前的“索马里人”咖啡馆，在那里等他。过了很长时间，接近黄昏的时候，我在咖啡馆的客人当中瞥见一个长得很像穆罕默德·拉姆拉维的人，心里一下子害怕起来。我告诉自己必须马上离开这个地方。于是我出了咖啡馆，朝阿卜杜拉·穆巴拉克广场的沙姆兰清真寺走去。

通向清真寺的路很宽，路面铺着沥青。在路的右边，有些房屋已经倒塌，我走在没有倒塌的房子前面。突然，我听见前面有人喊："当心！当心！"

我回过头，一辆车正高速向我撞来。我飞身跳上残垣断壁，那辆车擦身而过。给我发警告的是个埃及人，他告诉我：

"那辆车没有车牌。"刚才的一幕真的把我吓坏了。

在沙姆兰清真寺礼完昏礼，我见到了拉希德·本·迪马斯，然后和他一起取回了我的鞋。晚上我住在他家。

离开舒韦赫中学

1960年的12月23日，星期五。这天上午，拉希德·本·迪马斯陪我回到舒韦赫中学收拾行装。我把自己的物品装进一个包，然后又一起回到他的住处，仍然在他家过夜。

第二天上午，拉希德·本·迪马斯又陪着我去科威特教育部取护照。离开科威特的前一夜，我无法入睡，在焦急中等待天明，想尽早逃离这个国家。于是，我开始默默地祈祷：

主啊，请用你的仁慈减轻我的痛苦；
年轻人已悔恨、知错。
我为梦想付出的生命和努力是否已成为泡影？
我的岁月、青春又是在何处虚度？
（我告诉自己）不要问！我的岁月、青春已流逝。

我的主啊，宽恕我，请不要苛责；
那是因为我的方向已经迷失。
有多少人因为没有你的指引而光阴虚度，
如今幡然醒悟？
主啊，你是我们的最终归宿。

1960年12月25日，星期天。这天上午我乘飞机从科威特飞往沙特阿拉伯的达兰。在胡拜尔停留了数周，看望了姐姐阿莉娅和姐夫谢赫萨利姆·本·苏尔坦·卡西米，还有他们的孩子。那时候姐夫是达曼的铁路工程师。之后，我从那里回到沙迦。

第十章

任教沙迦商贸学校

1961年2月，我从沙特阿拉伯回到沙迦后，发现我的堂兄谢赫哈立德和谢赫穆罕默德也回到了沙迦。他们是我的伯父，已故沙迦酋长的儿子。他们两人和哥哥，现任酋长谢赫萨克尔·本·苏尔坦·卡西米之间的矛盾已经化解，现在一门心思做生意，不再关心政府的事务。

一天，谢赫穆罕默德·本·苏尔坦·卡西米找到我，想让我和他一起做生意，但被我回绝了。第二天，谢赫哈立德·本·苏尔坦·卡西米来看我，为我提供了沙迦机场的一个职位，但也被我回绝了。过了两天，他又找到我，带给我另外一份工作，是去沙迦商贸学校教书。这一次我欣然接受。

“那我们现在就走！”他说。

“现在？”我问。

他回答说：“是的。校长约翰·泰勒先生正在等我们呢！”

谢赫哈立德把我带到商贸学校，见到了校长约翰·泰勒先生，一位举止完美无缺的人。一阵寒暄后，泰勒先生对谢赫哈立德说：“你就把苏尔坦交给我们吧，我们会满足他的一切要求。”

谢赫哈立德离开后，泰勒先生对我说："你可以认为自己的任职是从这个月的第一天开始的。"

我开始在商贸学校教英文和数学。每天早上，泰勒先生都要从我的教室经过，和我打招呼。我讲课的时候，他经常会站在那里听；有时候他还会翻翻我的教案，看一下教学内容，然后离开。

有一天，在检查我的教案的时候，泰勒先生惊讶地发现有几页教案又皱又破，而且有什么液体漏到上面，污染了字迹。

"这是怎么回事？"他问。

我说："我们到教室外面说。"

到了外面，我说出事情的缘由："我锁门的时候，把夹着教案的书放在旁边的凳子上。一只山羊走过来，叼走了我的书。羊叼着我的书在前面跑，我在后面追。山羊穿过几条街道，一直跑到自家院子门口，门开着，羊径直跑了进去。我在门口喊：'抓住那只羊！'

'您有什么事？'这家的女主人问我。"

那只羊站在院子中间，一边得意地看着我，一边嚼着我的教案，摇头晃脑，一脸的幸灾乐祸。我猛地扑了过去，把羊按倒在地，使劲掰它的嘴，它这才松开我的教案。泰勒先生听完我的故事，大笑起来。

从1961年2月到1963年9月，我在商贸学校教了两年半的书。这段时间，沙迦发生了几件大事。

父亲去世

1962年3月中旬，我和妹妹娜依玛决定到哈伊马角住两天。和妹妹同行的还有几位妇女。一到哈伊马角，我就有一种奇怪的感觉，这种感觉催促我回到父亲身边。我对妹妹说："我得回沙迦。"

妹妹说："今天住这里，明天回，我们说好的。"

我说："你和司机留下，我乘出租车回去。"

"这是为什么？"她问。

"我不知道！"我这样回答。

在出租车上，我脑子里想的全是父亲。车过哈姆拉半岛中部的时候，有人告诉出租车司机，沙迦酋长谢赫萨克尔·本·苏尔坦·卡西米今天早些时候乘车前往哈伊马角，经过哈姆拉半岛中部的时候，被一辆从哈伊马角来的车拦下。随后，酋长的车调头回沙迦，没人知道他听到了什么消息。

我对自己说，肯定是出了大事。车到沙迦，我特地留意菩提树附近的商店，心想，如果商店都开着门，我就可以把心放进肚子里；如果商店都关了门，那就意味着有重要人物去世。结果，所有商店的门都关着！

我告诉出租车司机："让我在这儿下车。"

我下车步行回家，家里很安静，光线昏暗。走进父亲的房间时，我注意到他睡觉的床是空的。我把脸埋进父亲盖过的被子，失声痛哭。

我父亲这几年一直被偏瘫折磨着。1959年2月，父亲在贝鲁特治疗大腿骨折时发生中风，从此卧床不起。

1959年的11月，他第二次中风，被立即送往巴林抢救，之后又被转到孟买治疗，总算得以康复。

父亲是那天早上去世的，殡礼之后就入埋，当时我远在哈伊马角。那一年父亲54岁。

谢赫萨克尔·本·苏尔坦·卡西米和他的兄弟们

1962年9月6日，星期四。沙迦酋长谢赫萨克尔·本·苏尔坦·卡西米结束了欧洲之行，回到沙迦后，他觉察到他的兄弟们正在密谋推翻他。

1962年9月10日，星期一。谢赫萨克尔·本·苏尔坦·卡西米下令逮捕了所有的兄弟，只有艾哈迈德除外，因为他年纪太小。那天夜里，警察逮捕了谢赫哈立德·本·苏尔坦、谢赫阿卜杜拉·本·苏尔坦、谢赫沙特·本·苏尔坦，把他们全都关进了监狱。

那天夜里，谢赫穆罕默德·本·苏尔坦和弟弟谢赫萨利姆·本·苏尔坦从迪拜回到沙迦。谢赫穆罕默德·本·苏尔坦快到家时，发现自己家已被警察包围，便又和弟弟返回了迪拜。

到了半夜，谢赫阿卜杜拉·本·苏尔坦·卡西米被释放。谢赫哈立德和谢赫沙特仍然被羁押，第二天早上他们被带上了去卡塔尔的飞机，驱逐出境。

埃及、叙利亚和伊拉克的统一

1963年4月17日，星期三。伊拉克共和国和阿拉伯联合共和国（埃及和叙利亚）签署了三方协议，三国合并成一个统一的国家，整个阿拉伯世界欢欣鼓舞。但是在各酋长国，随后发生的事件却使人们的欢乐染上了几分悲哀的色彩。

1963年4月18日，星期四，三方协议签署后的第二天。那天晚上在哈伊马角，沙迦酋长为儿子举办婚礼晚会，新郎是谢赫哈立德·本·萨克尔·本·穆罕默德·卡西米。那天我也在观看晚会的人群中。我的伯母，已故酋长谢赫苏尔坦·本·萨克尔·卡西米的遗孀，让我开车送她和几位女眷到哈伊马角，参加孙子的婚礼晚会。

哈伊马角城堡的前面用棕榈树枝搭起了一个简易舞台，歌手们在传统乐队的伴奏下在台上演唱。有一名歌手是卡西米亚学校的音乐老师易卜拉欣·苏马，他演唱的大多是爱国歌曲，其中有一首是歌唱开罗和著名的半岛塔的新歌，这首歌的开头是这样的：

在半岛塔顶，
主啊，风光那样迷人！

在去哈伊马角城的路上有一座塔，在哈姆拉半岛墓地的附近，也叫半岛塔，塔顶俯瞰哈伊马角全城。尽管易卜拉欣·苏马歌中唱的是开罗的半岛塔，观众们却认为他是在歌唱哈伊马角，所以给了他很多钱。

因为这件事，沙迦酋长谢赫萨克尔·本·苏尔坦·卡西米后来遭到了英国政治代表A.J.M.克莱格的训斥。在英国人看来，三国合并后，贾迈勒·阿卜杜尔·纳赛尔领导的埃及将实力大增，而纳赛尔又一直是阿拉伯民族主义的强大象征。

1963年4月19日，星期五，埃及、叙利亚和伊拉克三方协议签署后的第三天。因为沙迦酋长谢赫萨克尔·本·苏尔坦·卡西米不在国内，这天晚上，我发起了一场支持三方协定的大规模游行，游行队伍在我的带领下来到足球场。足球场位于文化俱乐部和出租车站之间，靠近沙迦机场的围栏。游行队伍里男女老少都有，有一位名叫阿米娜·宾特·阿里的老妇人，人们也叫她马努赫·哈拉伊克。她胸前挂着贾迈勒·阿卜杜尔·纳赛尔的画像，这不是她第一次这么做。有英国士兵逛沙迦集市的时候，她甚至要求他们向她胸前的纳赛尔像致敬。

这天晚上，老妇人又要求一个路过的人向贾迈勒·阿卜杜尔·纳赛尔的画像表示敬意。可是这个人不但没这么做，反而朝画像吐唾沫。马努赫·哈拉伊克大叫起来：“抓住他！揍他！他朝阿卜杜尔·纳赛尔的画像吐唾沫！”

一群示威者开始追赶吐唾沫的人。被追赶的人钻进一辆停在机场围栏附近的小轿车，锁上了车门。示威者见状，愤怒地摇晃汽车，直至把车掀翻。有人打开轿车的油箱盖，汽油流了一地，他接着点着汽油，轿车燃起了大火。这时，一辆机场的消防车冲了过来，消防水枪射向着火的轿车。但是游行的人开始向消防车投掷石块，消防车被迫后退。后来火虽然被扑灭，但是轿车烧得只剩下车架。我们没找到那个人的尸体，他在车着火前逃了出去。

第二天，1963年4月20日，我从商贸学校回到家，看见哥哥谢赫阿卜杜勒-阿齐兹·本·穆罕默德·卡西米身着军服，站在那里等我。他是特鲁西尔阿曼监察部队的军官，特意回家警告我不要再组织游行示威。他还告诉我，特鲁西尔阿曼监察部队的士兵已被派到各处，他们接到的命令是制止任何示威活动。因为按计划当天下午有示威活动，我急忙赶往集合地点，赶到时，游行队伍正准备出发。我拦住了队伍，告诉大家英国人将使用武力镇压示威活动。

我周围有很多人在喊：“你害怕了吗？我们不怕！他们想做什么就让他们做吧！”

我对他们说，我们有妇女、儿童，还有老人，我们并不希望看到游行变成冲突。我们游行的目的是为了庆祝统一协议的签订，是为了表达我们高兴的心情。

人们都散去后，我情不自禁地默诵了一首诗：

我的祖国啊，如果时间背叛了你，
如果占领者举起屠刀，
我希望你和平。
我的祖国啊，年复一年，月复一月，
日积月累，凝成烈火一团。
对占领者的顺从不等于谦卑，
沉默也不意味着恭敬，
那只是对暴力的恐惧，
如同拾柴者责备夜的黑暗。
寡妇们神情忧暗，
在他们的折磨下，老人们形同枯骸，
婴儿爬向母亲的怀抱，
她的面纱已被他们扯下，
我的祖国啊，如果时间背叛了你，那就不停地对自己说，
和平，和平，和平。

几天以后的4月23日，迪拜男校举办晚会庆祝三方协议的签订，晚会上有数人发表了政治演说。男校在国家电影院的东边。晚会后，学生们开始游行。游行队伍从城区走到国家电影院，进入电影院前面的广场后，遭到几名伊朗人的袭击。这可能是因

为那段时间，埃及的纳赛尔和伊朗国王的关系很紧张。袭击事件中，一名学生被杀，多人受伤。

第二天晚上，离开商贸学校后，我去了迪拜，想了解前一天发生的事情。我见到巴蒂·本·比希尔先生后，他把事情的经过告诉了我。

他说："在迪拜警察总部前面聚集了很多人，他们高喊口号，发出威胁，誓言复仇。抗议人群向羁押疑凶的警察总部的英国警官发出威胁，要求他交出凶手，交由他们处死。后来，迪拜商人赛义夫·本·艾哈迈德·古拉尔出面干预，他对愤怒的人群百般劝说；抗议者最终听从了他的意见，同意撤离。"

巴蒂先生接着说："据说，那天早上赛义夫·本·艾哈迈德·古拉尔参加了殡礼，并为安葬死者提供了帮助。殡礼后，他举起双手，为逝者祈祷。"

在凶手仍被警察羁押的情况下，抗议的人群散去了。凶手后来受到审判，对罪行供认不讳，被判处终身监禁。

在我们说话的时候，来了另一群抗议者。我和巴蒂·本·比希尔先生加入了他们，一同前往迪拜警察总部。还没等我们到那里，队伍就被一队迪拜警察挡住了去路。

就在这时，迪拜知名人士萨尼·本·阿卜杜拉·阿布·卡夫勒出面干预，试图让抗议者冷静下来。但是，抗议的人群已经开始冲撞阻拦他们的警察，迫使警察使用警棍驱赶。大多数抗议者被驱散，只剩下少数人继续呐喊、抗议，我和巴蒂·比希尔先生也在其中。几个警察过来追我们，我们就跑，跑到哈利法·本·苏尔坦·哈布图尔家附近的时候，我们几个跑散了。我和巴蒂·本·比希尔先生进了一条窄巷子，巷子通向德伊勒的集市，一个名叫艾哈迈德·哈迪德的警察跟了过来。

巷子里，身材瘦小的艾哈迈德·哈迪德和又高又壮的巴蒂·本·比希尔争吵起来。吵架的时候，艾哈迈德·哈迪德的头箍绳散开了，掉了下来，绕在脖子上。巴蒂·本·比希尔把头箍绳的一头递到我手里，接着就动手狠揍艾哈迈德·哈迪德。

我让巴蒂·本·比希尔放过了警察，两个人继续沿着巷子走，一直走到迪拜河边。我们在河边见到了萨尼·本·阿卜杜拉·阿布·卡夫勒，还发现左右两边各有一小队警察。警察开始向我们逼近，我们别无选择，只有跳上一条空货船，巴蒂·本·比希尔把船划到了河中间。

经审判，杀人者罪行成立。最后要看被害人的母亲是选择惩办凶手，还是选择补偿金。

随着三方协议的签订，阿拉伯联合共和国诞生了，人们高涨的热情无以言表。支持贾迈勒·阿卜杜尔·纳赛尔的不仅仅是青年学生，出租车、建筑物、来往于迪拜河上的小货船，还有停泊的轮船上，都飘扬着阿拉伯联合共和国的国旗。不仅如此，就连在迪拜的外籍出租车司机、小船上的俾路支人、大船上的巴勒斯坦人也在高声呼喊纳赛尔的名字：“纳赛尔……纳赛尔……”

由此，英国人清楚地意识到，所有的人都是纳赛尔的支持者。

腿伤

我一直是卡西米亚学校的足球队员，我开始踢球纯属偶然。一次，沙迦队和机场的英国队比赛，沙迦队有一名队员缺席，因为没有替补队员，他们只好让我上场，那年我15岁。我在这支球队一直踢到1960年转学到科威特。

1961年，从科威特回到沙迦后，我组建了伊蒂法克足球队。由于大多数队员都是外国人，两年后球队解散。1963年初，我又组建了沙巴（“人民的”）俱乐部队，在一次俱乐部赛上，我胫骨末梢骨折，被迫下场。

离开商贸学校继续求学

1963年5月底，沙迦商贸学校的学年结束后，我去了开罗，又从那里去亚历山大找专治骨质疏松的穆罕默德·阿卜杜拉医生。听了我的伤情介绍，医生为我做了检查，还拍了X光片。最后，医生对我说，骨头已经长成，治疗不会有什么效果。

我因为阑尾发炎，又回到了开罗，在那里的一家医院做了阑尾切除手术。

1963年的夏天，我在开罗见到了几位同学，他们在开罗大学的第一年都快读完了。十年同窗情谊，往事历历在目。同学们让我留在开罗继续求学，并建议我进政治学院读专为东部学生开设的课程，可以拿到中专文凭。但我向他们承诺，我要跟他们一样读大学，但我必须先拿到高中文凭。（1960年我去科威特读书的时候，没能把高中读完。在几次路遇复兴党人、生命受到威胁的情况下，我于那年12月被迫离开了科威特。）

回到沙迦后，我给沙迦商贸学校的校长迈克尔·伯顿先生寄去了辞职信，他同时还是英国驻迪拜的副政治代表。他上学年结束的时候就在竞争校长的位置，当时学校的董事会主席还在英国接受手术后的治疗。

为了能进入迪拜中学学习理科三级课程，我向迪拜的科威特办事处提交了学历证明。理科和文科的三级和四级课程将分别在迪拜中学和沙迦的卡西米亚学校教授。迪拜中学负责理科，卡西米亚学校负责文科。

没过几天，英国驻迪拜的副政治代表伯顿先生通知我去英国代表处见他。

见到伯顿先生时，他对我很和气。他让我重新考虑辞职的事，回学校教书。

我说："我正在迪拜中学继续读书。"

他回答我："我们会提供奖学金，送你到英国留学。"我反驳了一句："已经有太多的承诺，但都没有兑现！"他说："难道我们是骗子？"

"你愿意怎么理解，就怎么理解。"我这样回答。

他接着对我说："你去埃及之前，懂礼貌，举止得体，泰勒先生是这么说你的。但是，自从你和埃及人混在一起后，你变得粗鲁了。"

我说："如果直白的诚实是一种粗鲁，愿真主把我变得更粗鲁些。"

他回答我："我不允许你辞职。"

我说："你甚至都不能阻止我离开你的办公室！"

第十一章

阿拉伯民族主义席卷沙迦

20世纪50年代末和60年代初，阿拉伯民族主义的浪潮横扫阿拉伯世界，海湾地区也不例外。埃及总统纳赛尔的影响起到了推波助澜的作用。在沙迦和迪拜，阿拉伯民族主义思想得到了不同人群的支持，有普通大众和青年学生，也有商人，还有沙迦和迪拜的知名人士。这一浪潮也波及到了以酋长谢赫萨克尔·本·苏尔坦·卡西米为首的沙迦政府。

话剧：《犹太复国主义的代表》

1963年底，我在迪拜中学读书，同时还管理着沙迦文化俱乐部。这年夏天我在埃及的时候，俱乐部的院子里用木头搭了一个舞台，首场演出在8月份，第二场在9月份，导演是伊拉克人瓦提克·萨马莱。至于我自己呢，我自编、自导、自演了一幕话剧，剧名是《犹太复国主义的代表》，我一人扮演两个主要角色。演出时间是1963年底。

演出的那一天，搭建了舞台的俱乐部内院挤满了观众，驻迪拜英国副政治代表兼商贸学校校长迈克尔·伯顿先生坐在第一排，紧挨着舞台。和他坐在一起的是学校的运输主管奥贝德·本·雅各布。我邀请迈克尔·伯顿先生时，顺便也邀请了他。

在话剧的最后一幕，20世纪50年代以军总参谋长摩西·达扬出场了。我扮演的摩西·达扬在和伦敦的英国外交部通电话：

达扬：喂……喂……伦敦，英国外交部！

外交部：喂……喂……您是谁啊？

达扬：我是摩西·达扬。阿拉伯人发起了进攻。帮帮我们！你们必须出面干预！你们要阻止他们！

外交部：我们无能为力啊。阿拉伯人如今联合起来了，力量很强大，出面干预不符合我们在该地区的利益。

接着，摩西·达扬放下电话，走到舞台边，坐了下来，正好面对着英国副政治代表迈克尔·伯顿先生。摩西·达扬的两条腿悬在舞台外面，他一边来回摆着腿，一边对伯顿先生说："你们扶持了我们，把我们当成火中取栗的猫爪子。我们本来日子过得舒舒服服的，你们却把我们从世界各地弄到这里，充当你们的侵略工具。"

舞台上的摩西·达扬竟然当着自己的面说出这样的台词，英国副政治代表有些气急败坏，第二天他就让谢赫萨克尔·本·苏尔坦·卡西米关闭文化俱乐部。英国人强烈坚持，沙迦酋长只好答应，关闭了俱乐部。

阿盟的代表团

1964年春天，因为担心该地区的阿拉伯单一民族特性受到威胁，阿拉伯新闻界发起了一场运动，反对伊朗移民进入海湾酋长国。这一年夏天，在访问了该地区之后，科威特外交部特使巴德尔·哈立德起草了一份报告，对局势做了客观的描述，认为这一地区急需帮助和支援。

1964年10月，阿盟秘书长阿卜杜勒·哈立克·哈苏纳宣布，他将率领一个代表团专程前往海湾各酋长国，此行的目的是建立各酋长国与阿盟的正式关系，并研究保持该地区单一阿拉伯民族特性的途径。访问时间定在1964年10月28日。

在代表团到访的那个星期，沙迦到处悬挂着彩旗，搭建着拱门。这一天，迪拜也被装点得格外漂亮，人们挂彩旗、搭拱门，一直忙碌到代表团到达前的黎明。其他酋长国同样也装扮一新，充满节日的喜庆气氛。

那天早上，来自迪拜和其他酋长国的大约3000人在机场等候代表团的到来，在欢迎现场的还有一些非阿拉伯民族的人群。

10点整，阿卜杜勒·哈立克·哈苏纳的飞机降落在迪拜机场。和他一同走下飞机的代表团成员有阿盟副秘书长赛义德·努法勒，以及沙特阿拉伯、科威特、伊拉克等国驻阿盟的代表。迪拜酋长谢赫拉希德·本·赛义德·阿勒马克图姆到机场迎接。这时，人群开始拥挤、推搡，考虑到访问团的安全，警察不得不开始干预。在机场用了点心后，代表团前往迪拜的宾馆。

在代表团下榻的宾馆附近，出现了一小群游行的人，前来表达对来访代表团的支持，他们大约有20人，有迪拜警察跟着。游行队伍很快就增加到上百人，并开始出现恶意行为。警察见状，便把游行队伍驱赶到宾馆附近的一块空地，那里有几家关了门的店铺。随后警察又接到英国人的命令，开始用警棍要驱散人群，游行的人群中有人扔石块还击。

代表团可能看不到宾馆后面发生的事情，但是他们看到了几辆汽车，车上是也门的工人和沙迦的学生。他们高呼“贾迈勒·阿卜杜尔·纳赛尔必胜！”、“打倒帝国主义！”的口号。在迪拜的两天里，迪拜酋长谢赫拉希德·本·赛义德·阿勒马克图姆、科威特驻迪拜办事处、迪拜市政当局举行宴会或茶会，热情招待代表团一行。最后，卡塔尔国埃米尔谢赫艾哈迈德·本·阿里·阿勒萨尼设宴款待了代表团。

10月30日，代表团访问沙迦。那天，沙迦城里到处是特鲁西尔阿曼监察部队的士兵；沙迦的大部分汽车都加入了去迪拜的游行车队。我跟着人群加入到城外的游行队伍。我站在游行车队一辆车的车顶上，用扩音器向人群喊话。在高处一眼望去，游行车队一直延伸到沙迦宾馆门口，那里有沙迦酋长谢赫萨克尔·本·苏尔坦·卡西米的马吉利斯。

游行队伍里还有在校学生，在老师的指挥下，他们一边喊口号，一边挥动手中的小旗。宾馆和城堡前面的广场挤满了沙迦市民，他们有的是从其他国家来的阿拉伯人，也有俾路支人和伊朗工人。

阿盟代表团和沙迦酋长谢赫萨克尔·本·苏尔坦·卡西米举行了一次会谈，议题是沙迦方面急需要的援助。会谈中，谢赫萨克尔提到，代表团成员之一，沙特驻阿盟代表向他转交了沙特国王费萨尔·本·阿卜杜勒-阿齐兹·沙特的邀请信，邀请他适时访问沙特阿拉伯王国。谢赫萨克尔接受了邀请。

会谈后，代表团到住处休息，代表们被安排住在离那棵菩提树不远的哈苏纳府。

稍事休息后，谢赫萨克尔·本·苏尔坦·卡西米前往代表团下榻的哈苏纳府，陪同他们去新建的清真寺做星期五礼拜。清真寺就在沙迦商贸学校的前面，由阿里·本·阿卜杜拉·乌艾斯修建。礼拜仪式结束后，谢赫萨克尔招待代表团吃午饭，饭后，代表团回哈苏纳府休息。接下来，沙迦市政当局为代表团举办了茶会。

那天晚上，谢赫萨克尔·本·苏尔坦盛宴款待代表团，周围地区的高官富商、社会贤达悉数受到邀请。宴会结束后，代表团成员和谢赫萨克尔先送走了宾客，接着就召开了一次闭门会议。会后，谢赫萨克尔送代表团回哈苏纳府就寝。

1964年10月31日，星期六。这天早上，阿盟代表团前往阿治曼，受到酋长谢赫拉希德·本·胡迈德·努艾米和大批民众的欢迎。代表团到达之前，欢迎的人群就开始高呼反对伊朗的口号。阿盟秘书长阿卜杜勒·哈立克·哈苏纳与谢赫拉希德交谈的时候，请他转告他的民众，口号不要针对任何国家，因为所有的国家都是阿盟的朋友。代表团直接从阿治曼返回迪拜，行程结束前他们一直夜宿迪拜。在随后的三天里，代表团先后访问了乌姆盖万、哈伊马角、富查伊拉三个酋长国。1964年11月4日，代表团从迪拜机场离开。

阿盟代表团和酋长们达成的一致意见是，阿盟将派出一个技术援助团，结合必要的建设项目，对该地区的各种需求进行专门研究。

阿盟技术援助团

1964年11月中旬，应国王费萨尔·本·阿卜杜勒-阿齐兹的邀请，沙迦酋长离开沙迦，前往利雅得，对沙特王国进行访问。在双方的会晤中，费萨尔国王谈到了道路修建工程，提出由沙特方面出资为沙迦修建一条公路。

沙特国王和阿盟将向海湾地区的酋长国提供援助，帮助它们的国家发展计划。谢赫萨克尔·本·苏尔坦·卡西米从利雅得返回后，便去征求英国驻迪拜政治代表H.格兰·鲍尔弗-保罗对此事的意见。阿盟代表团到达的前几天，鲍尔弗-保罗刚刚接替詹姆斯·克莱格上任；詹姆斯·克莱格则接替鲍尔弗-保罗原先的职务，担任英国驻贝鲁特大使。

英国外交部阿拉伯司司长弗兰克·布兰奇利表明了自己对此事的看法：

> 外交部在与威廉·卢斯爵士（总部在巴林的英国驻海湾地区政治公使）商谈此事时，我的建议是，外交部必须通过鲍尔弗-保罗先生，暗示性地答复沙迦酋长。而且，外交部的答复原则上应由威廉·卢斯爵士背书。我所建议的答复是：
>
> 1）对沙特：沙特方面向特鲁西尔国家委员会管理的道路建设基金提供资金援助，女王陛下的政府原则上表示欢迎。在下一次的委员会会议上，资金援助将成为一个议题。
>
> 2）对阿盟：鉴于阿盟可能会考虑向各酋长国的发展

计划提供资金援助，特鲁西尔国家委员会在不远的将来会过问此类援助，以确保资金得到最佳的使用和管理。

1964年12月17日，阿盟技术援助团到达沙迦机场。那天狂风暴雨，在从沙迦机场去迪拜欧西斯旅馆的路上，援助团成员亲眼目睹了各酋长国民众的艰难生活。援助团的车队数次陷入淤泥之中，拉行李的汽车从沙迦机场到旅馆竟然开了24小时。

阿盟技术援助团成员包括各领域的专家：

穆罕默德·萨利姆博士，援助团团长，来自阿拉伯联合共和国，工业联合会主席

阿里·法赫米·卡斯希夫，水利专家，来自阿拉伯联合共和国，研究与地下水总公司技术主管

伊斯梅尔·穆罕默德·阿卜杜勒-艾尔，农业专家，来自阿拉伯联合共和国

盖斯·哈伊尔·丁·扎赫卡里，公共卫生专家，来自沙特阿拉伯王国

穆罕默德·优素福·鲁米，道路修建专家，来自科威特

艾哈迈德·阿扎布·卡里姆，道路专家，来自阿拉伯联合共和国

穆罕默德·阿卜杜勒-加尼·扈利，电力专家，来自阿拉伯联合共和国

阿卜杜勒-哈米德·见吉尔，教育专家，来自伊拉克

艾哈迈德·赛义德博士，经济专家，来自阿拉伯联

合共和国

穆罕默德·萨德·丁，贸易专家，来自阿拉伯联合共和国

第二天，1964年12月18日，阿盟技术援助团拜会了谢赫萨克尔·本·苏尔坦·卡西米。谢赫萨克尔与代表团共进晚餐，应邀在座的还有英国驻迪拜政治代表鲍尔弗-保罗先生和当地的知名人士。晚餐后，在谢赫萨克尔的马吉利斯里，鲍尔弗-保罗先生和援助团团长穆罕默德·萨利姆博士进行了会谈。会谈后，他给英国驻海湾政治公使威廉·卢斯爵士写了一封信。信中说："我对穆罕默德·萨利姆博士很了解，不久前在贝鲁特召开的阿盟石油会议上我与他相识。我告诉他，如果阿盟真心想对各酋长国的发展有所贡献，希望阿盟能直接把钱交给由特鲁西尔国家委员会管理的中央发展基金。如果不这样做，委员会和我们的规划就有发生冲突的危险，更何况还有科威特办事处的规划。"

在给威廉·卢斯爵士的信中，鲍尔弗-保罗先生还说，穆罕默德·萨利姆博士告诉他，阿盟并不认同这一看法。阿盟的援助资金将由一个代理机构管理，这个机构类似联合国的技术援助基金。这就意味着，阿盟将直接对建设项目和各酋长国提供援助，而无须通过中央发展基金。他在信中还提到，阿卜杜勒·哈立克·哈苏纳向他证实，在将于1965年1月9日举行的阿盟总理级会议上，技术援助团将提出一笔600万英镑的资金需求。

技术援助团在各酋长国走访了四天，成员们一致认为当务之急是修建一条高质量的公路，解决雨季的交通问题。另外，他们认为水资源调查和土壤分析也很重要。

1965年1月27日，沙迦酋长谢赫萨克尔·本·苏尔坦·卡西米在迪拜会晤了英国政治代表鲍尔弗-保罗先生。鲍尔弗-保罗先生去巴林面见过威廉·卢斯爵士，两天前刚回迪拜。为达到控制谢赫萨克尔的目的，经威廉·卢斯爵士授权，鲍尔弗-保罗先生可以对谢赫萨克尔直言不讳，可以使用他认为合适的任何方法对谢赫萨克尔施加政治压力。英国人还急切地想控制海湾地区的政治走向，包括正在形成的各酋长国与阿盟国家的关系，而阿盟对沙迦的直接援助将削弱这一控制。

鲍尔弗-保罗先生提出的问题，含有对谢赫萨克尔的警告之意：

“他是否信守就任时与女王陛下政府的协议？是否知道他在沙迦执政的前提条件？如果是，他就应该对自己的行为做出解释；如果不是，他就不应该指望女王陛下的政府会对此保持沉默。”

谢赫萨克尔的回复是，他的国家贫穷落后，急需发展，但苦于没有资金。所以，不管是谁提供援助，他都会接受。

1965年2月初，阿盟公布了几项决议，并明确了以下规定：

设立一项由阿盟管理的基金，其来源为自愿捐赠。捐赠主体包括海湾地区酋长国在内的阿拉伯国家。基金将用于援助海湾地区酋长国的发展，为其提供各项服务。

可用提供专家和技术人员的形式，代替现金捐赠。

成立一个阿盟的常务委员会，负责对各酋长国的援助进行规划和管理。委员会由阿盟秘书长领导，委员来自阿盟成员国和各酋长国。

阿盟秘书长表示，决议内容将写进向各位国王和国家首脑提交的年度报告。

但是，沙特驻阿盟的代表团发表声明，对决议表示反对，并解释了原因。他们强调，各酋长国必须以书面形式对决议表示认同。科威特外交大臣巴德尔·哈立德也表达了相同的意见。

阿拉伯与英国在海湾地区的对抗

参加阿盟会议的代表最终决定派阿盟副秘书长赛义德·努法勒前往各酋长国，当面收取每位酋长的书面声明。

匆忙之中，海湾的英国当局设立了另一项基金，和阿盟唱起了对台戏。

1965年3月1日，在特鲁西尔国家委员会的会议上，酋长们决定在设立信托基金的同时，成立“特鲁西尔国家发展办公室”，并希望所有的捐赠方都能通过该信托基金提供发展援助。

会上，沙迦酋长谢赫萨克尔转述了一则来自贝鲁特的消息，引起了与会酋长的注意。消息说，阿盟副秘书长赛义德·努法勒将在一周内到达，带来大约150万英镑的援助资金。谢赫萨克尔还说，他得到的可靠消息是，阿盟非常欢迎各位酋长负起管理基金的责任。

各方都希望成立一个共同基金，这样各位酋长就可以向基金管理机构派驻自己的代表。而且，代表们的工作还可以得到各类专业人士的协助。

但是，根据巴德尔·哈立德的说法：“总部设在开罗的阿盟决定在今后五年内向海湾的各酋长国提供500万英镑的援助，而且阿盟可能会致信各位酋长，希望他们就此事达成一致意见。”巴德尔·哈立德那时已是科威特国王在阿盟海湾委员会的私人代表。技术援助团1964年提供的一份报告促成了海湾委员会的成立。

1965年5月10日，阿盟副秘书长赛义德·努法勒博士到达迪拜。24小时后，英国外交大臣乔治·汤姆森也在迪拜现身。

到达迪拜后，赛义德·努法勒一刻没有耽搁，直接宣布他个人可支配90万英镑的援助资金。他还说，另外还有来自科威特的25万英镑，伊拉克的援助金额与科威特相同，阿拉伯联合共和国提供的援助为40万英镑。

5月11日的上午，在酋长的马吉利斯里，赛义德·努法勒拜会了沙迦酋长谢赫萨克尔。长谈之后，赛义德·努法勒为阿盟秘书长带回了谢赫萨克尔的书面声明：

> 本人今日与阿盟副秘书长赛义德·努法勒博士见面商谈，此声明可资证实。本人对阿盟制定的发展规划表示由衷的感谢，并对规划的即刻实施表示赞赏。同时，对于在沙迦酋长国设立基金办事处的各项安排，本人也表示赞同。

5月12日上午，谢赫萨克尔·本·苏尔坦·卡西米前往迪拜。英国驻迪拜政治代表安排海湾各酋长国酋长与英国外交大臣乔治·汤姆森见面，而且每位酋长将分别与外交大臣单独面谈。见面地点在英国代表处，富查伊拉酋长因去麦加朝觐未能参加。

面谈时，英国外交大臣重点讨论了那些对英国驻海湾政治公使和驻迪拜政治代表都非常重要的话题。那时担任政治公使的是威廉·卢斯爵士。讨论的话题如下：

女王陛下的政府决心保持在海湾地区的存在，并继续履行与各位酋长达成的协议，恪守对各位酋长承诺的义务。

鉴于我们和各位酋长的地位正在承受越来越大的压力和面临越来越严重的敌视，各位酋长有必要加强彼此间以及与我们的合作。任何分歧都会为埃及人和伊拉克人带来可乘之机，其结果只能是各方利益受损。此外，女王陛下的政府敦促各位酋长克服和消除分歧，发现彼此间的合作领域。

尤为重要的是，各位酋长必须立场一致，共同支持特鲁西尔国家委员会于3月会议上通过的各项决议。他们始终必须坚持的原则是，所有外部援助都应该通过酋长国发展基金这一渠道。

酋长们与外交大臣的会面结束了。哈伊马角酋长据说还要和努法勒先生见面，所以有些犹豫，不停地皱着眉头；沙迦酋长谢赫萨克尔因为没有告诉别人自己已和努法勒先生达成协议，看起来也很不开心，一脸严肃，态度生硬。

那天晚上，赛义德·努法勒先生分别拜访了阿治曼酋长谢赫拉希德·本·胡迈德·努艾米、乌姆盖万酋长谢赫艾哈迈德·本·拉希德·穆阿拉和哈伊马角酋长谢赫萨克尔·本·穆罕默德·卡西米。

与阿治曼酋长谢赫拉希德·本·胡迈德·努艾米会面时，赛义德·努法勒催促酋长提供一份声明，与沙迦酋长谢赫萨克尔的声明类似，但是谢赫拉希德·本·胡迈德·努艾米解释说，酋长们已经同意设立一项发展委员会名下的基金，对各酋长国的所有捐助都将通过这项基金。

在努法勒先生的一再坚持下，阿治曼酋长提交了一份与沙迦酋长谢赫萨克尔的声明类似的声明，但声明的最后一句有所不同，他对在沙迦设立阿盟基金办事处存有异议。

与乌姆盖万酋长谢赫艾哈迈德·本·拉希德·穆阿拉见面时，赛义德·努法勒收到了一份写给阿盟秘书长的声明：

> 阿盟成员国已决定向我国和阿曼湾沿岸的兄弟国家提供援助，我非常高兴地通知阁下，我们对此表示高度赞赏。我们感谢阁下的善意和对我们的关注，并祈求真主赐予我们成功。

在给阿盟秘书长的声明中，哈伊马角酋长谢赫萨克尔·本·穆罕默德·卡西米写道：

> 努法勒博士阁下今日前来看望我们，他的谈话令我们非常愉快，此声明可资证实。我非常高兴地通知阁下，对于您动员阿拉伯世界援助本地区发展的全部努力，我们表示高度赞赏。同时，阿盟如有可能将基金办公室设在哈伊马角，我们将非常欢迎。鉴于此，我

们愿意将位于阿曼街的一幢新建筑，作为一份薄礼送给阿盟，希望它适合用作阿盟基金办事处在我国的办公地点。

英国人对沙迦酋长很生气

第二天，1965年5月13日，沙迦酋长谢赫萨克尔·本·苏尔坦·卡西米邀请英国外交大臣参加一个茶会，后者接受了邀请。这是因为外交大臣决定将与谢赫萨克尔最后摊牌的时间推迟到这一时刻。

茶会的地点在沙迦谢赫萨克尔的大马吉利斯。茶会期间，谢赫萨克尔与英国外交大臣乔治·汤姆森进行了交谈。

参加交谈的还有英国驻海湾地区公使威廉·卢斯爵士和驻迪拜政治代表鲍尔弗-保罗先生。鲍尔弗-保罗先生担任翻译。

汤姆森先生说："关于您和阿盟的合作，我事先已经警告过您。您告诉我说，您对这种合作表示支持，并同意在沙迦设立阿盟办事处。我今天想非常正式地，再次就此事和您谈话。我问您，您有没有向赛义德·努法勒博士提交一份声明，表明您同意阿盟的计划？"

酋长回答说："是的，我是给过他一份声明，表示我们同意与阿盟合作。而且这是最终决定。"

汤姆森先生继续说："在对外政策方面，您与英国缔结的条约禁止您与任何外国发生联系，除非这一联系是通过英国驻海湾地区政治公使，或您所在地区的英国政治代表发生的。正如您所知道的那样，我们的利益就是您的利益，而这些利益必须得到维护。"

酋长回应说："我们又饥又渴，饥饿的人会接受来自任何国家的援助，只要对方愿意援助。"

外交大臣回答："您无权这样做。"

酋长说："阿盟技术援助团六个月之前就来了，你们那个时候为什么不反对？"

汤姆森先生说："因为我们关心你们的利益。"

酋长问道："你们是关心我们的利益，还是你们的利益？"

汤姆森先生回答说："让我们回到眼下的话题吧。您是否仍然坚持您对阿盟的立场？"

"这是最终决定，不可更改。"酋长这样回答。

汤姆森先生："这违背了我们之间的条约。"

酋长反驳道："我并不是第一个同意与阿盟合作的人，我希望英国不要仅仅满足于眼前利益，而是应该为将来考虑。否则就会出现发生在亚丁或巴林的问题。"

汤姆森先生问道："在征求政治公使的意见之前，您的治下不能与任何外国政府有联系，您同意吗？"

酋长回答说："我关心的是我的国家，国家利益高于一切。我发过誓。"

汤姆森先生接着说："但是您必须遵守条约。按照条约，英国负责管理你们的外交政策。"

酋长接着回答："那是一个不平等条约，是强者强加给弱者的条约，所以必须修改。"

汤姆森先生却说："我们仍然坚持阿盟不要在本地区设立

阿拉伯民族主义席卷沙迦办事处。"

酋长反驳道："在本地区有多个非阿盟的办事机构，科威特在这里就有办事处。”

汤姆森先生回应道：“科威特办事处是过去的事情。”然后他又说：“我希望您要有长远考虑。这件事很危险。”

酋长说：“此时此刻，我不会考虑任何事情，不管是危险的，还是不危险的。我只关心我的国家的发展。”

汤姆森先生回应道：“您已经同意了特鲁西尔国家委员会的决议而且签了字。根据3月1日会议上的协议，任何外国援助都必须通过特鲁西尔国家发展基金这一渠道。”

酋长提醒说：“您要知道，这只是个不具有约束力的无效协议。”

沙迦酋长说完这句话之后，双方一阵沉默。英国外交大臣向屋子的四周看了看，然后继续和沙迦酋长的争论。

他说：“您住的房子很漂亮，设施齐全，应有尽有。”

酋长回答说：“我对这个房子不感兴趣，我也不在乎这房子是否漂亮或简陋，我只是希望在我离世之后，人们不要诅咒我的后代。”

汤姆森先生说：“我们一年要为各酋长国的十万人花几百万英镑。”

酋长问道：“您是指为军队和特鲁西尔阿曼监察部队花的钱吗？”

外交大臣回答：“成立特鲁西尔阿曼监察部队首先是为了保护酋长的安全，其次才是为了保护石油管道。”

酋长说：“这些年来，我对英国政府没有什么可感谢的。”

英国大臣回应说：“我说第三遍，我希望您重新考虑这件事。我们不希望看到本地区有阿盟的办事机构。”

酋长说："绝无可能。我不能撤回协议。你可以使用武力，想怎么做都可以。我想提醒你的是，一位英国国会议员说过：'酋长国是独立的，它们应该对自己的行为负责。我们对它们的落后不负有责任。'"

汤姆森先生解释说："我就是那个在国会发言的人。但是我所说的独立，是指内政的独立，你们的外交和国防都必须由英国控制。不要在这里设立阿盟的办事处，这一点我必须坚持。"

酋长答道："我和任何一个阿拉伯酋长都不能阻止阿盟进入海岸地区，也无法将他们兄弟般的援助拒之门外；然而你们却可以通过自己的渠道，让外国和其他非阿拉伯国家的援助进来。"

外交大臣接着说："你们可以向任何人借钱，你们也可以接受苏联、中国或者任何国家的帮助。但是我们决不允许在这里设立阿盟的办事机构，我们将尽全力阻止此事的发生。"

酋长回答说："英国的友谊已经成为我们后背上的一把匕首，成为阻碍我们进步的障碍。另外，是什么原因促使英国现在开设发展办事处呢？如果是因为爱，那么为什么要等到现在？如果是因为恐惧，那我只能说，阿拉伯人是我们的兄弟，我们不会拒绝他们的帮助。"

英国大臣最后说："我要感谢您的坦诚。但是不要急着开设阿盟办事处，我也会把您关心的问题呈报首相。"

在接下来的一个多月里，为了促使谢赫萨克尔·本·苏尔坦·卡西米在阿盟问题上改变态度，英国当局采用了胡萝卜加大棒的政策。他们试图说服他撤回交给阿盟副秘书长的声明信，或者发表一个新的声明，表明他愿意接受阿盟对酋长国的援助，但前提是，阿盟成员国的援助必须通过特鲁西尔国家发展基金。然而，谢赫萨克尔·本·苏尔坦·卡西米已经决心破釜沉舟，绝无改变决定的可能。

谢赫萨克尔遭罢黜，谢赫哈立德继任酋长

1965年6月24日上午10点，沙迦酋长谢赫萨克尔·本·苏尔坦·卡西米离开沙迦城堡，前往迪拜的英国政治代表处，他应英国政治代表的要求，到代表处与他见面。

在前往迪拜的途中，谢赫萨克尔·苏尔坦·卡西米的车队路过纳赫达山时，他没有注意到那里有几个清扫垃圾的工人。这些人是阿曼海岸部队的士兵，他们的任务是，如果发现谢赫萨克尔·本·苏尔坦·卡西米去迪拜途中在此路过，就立即向代表处报告。

在迪拜的英国代表处，鲍尔弗-保罗先生迎接了谢赫萨克尔·卡西米，并把他带到办公室。过了一会儿，两名英国军官进了办公室，站到谢赫萨克尔的左右两侧。随后，政治代表出示了一份文件，上面有在沙迦的卡西米家族成员的签名。文件表达了他们希望谢赫萨克尔退位，谢赫哈立德·本·穆罕默德·卡西米出任沙迦新酋长的愿望。

谢赫萨克尔当即表示抗议，说文件是伪造的，充满不实之词。但是鲍尔弗-保罗先生根本不给他机会把话说完，他厉声说道：“根据新任酋长谢赫哈立德·本·穆罕默德·卡西米的命令，我要求你立即离开沙迦。”

谢赫萨克尔被两名英国军官带出英国政治代表处的后门，上了一辆“奥斯汀”牌轿车，坐在两名英国军官的中间。轿车由两辆“路虎”越野车护送，车上坐着阿曼海岸部队的士兵。车队直

奔沙迦机场的军用区，谢赫萨克尔从那里被送上了一架英国皇家空军的飞机，飞往巴林。

谢赫萨克尔的飞机起飞后，有一架从科威特飞来的飞机请求降落沙迦机场，但是遭到了机场方面的拒绝。飞机上有刚遭罢黜的酋长的儿子，谢赫苏尔坦·本·萨克尔·本·苏尔坦·卡西米。他之前被派往开罗，与阿盟派往沙迦的代表团会合。代表团有三名专家，任务是在沙迦开设阿盟的第一个办事处。他们本来定于1965年6月24日到达沙迦，但他们乘坐的飞机却被迫转飞卡塔尔的多哈，苏尔坦·本·萨克尔·卡西米和代表团被迫在多哈下了飞机。

在沙迦，特鲁西尔阿曼监察部队封锁了城堡，谢赫萨克尔·本·苏尔坦的弟弟，阿卜杜拉·本·苏尔坦被赶了出来。哈立德·本·萨克尔·本·穆罕默德·卡西米是哈伊马角酋长的儿子，听说谢赫萨克尔·本·苏尔坦·卡西米被罢黜的消息后，急忙赶到沙迦城堡。这会儿他也被赶了出来。负责警卫的武装士兵也撤出了城堡。

当天下午3点，新任沙迦酋长谢赫哈立德·本·穆罕默德·卡西米在特鲁西尔阿曼监察部队的护卫下，走出沙迦的监察部队总部，前往城堡的大马吉利斯。晚上他将在那里接受人们的祝愿。

1965年6月25日，新任酋长收到下面这封信：

自英国，女王陛下政府政治公使，威廉·卢斯爵士

沙迦，沙迦酋长，谢赫哈立德·本·穆罕默德·卡西米阁下启

尊敬的阁下：

英国女王陛下的政府授权本人通知您，我国政府正式承认您的沙迦酋长地位，并将根据与您的前任酋长达成的协议，履行我们对您的各项义务。

对您酋长地位的承认，是基于我们的这样一种认知：对于您的前任酋长与英国女王陛下的政府达成的各项协定、条约、办事规则以及惯例，您将完全接受您在其中所承担的全部义务。

您若能回复此信并对其内容做出回应，我将不胜感激。我们此次往来的书信，将成为女王陛下的政府承认您沙迦酋长地位的正式文件的一部分。

[常用结束语]

签名：威廉·卢斯爵士

1965年6月26日，新任酋长谢赫哈立德给威廉·卢斯爵士写了回信：

自沙迦酋长，谢赫哈立德·本·穆罕默德·卡西米

女王陛下政府政治公使，威廉·卢斯爵士启

尊敬的阁下：

来信收悉。您在信中告知英国女王陛下的政府正式承认本人继任王位，成为沙迦政府首脑，本人深感荣幸。

尊敬的阁下，借此机会，本人对英国女王的政府表示衷心的感谢，并向您保证，本人将完全遵守前任沙迦

酋长所信守的各项保证、承诺、协议、条约以及相关的办事规则和惯例。

同样，本人将继承和维护我们之间全部的传统友谊。请阁下放心，本人将无愧于您的信任。

[常用结束语]

签名：沙迦酋长及政府首脑谢赫哈立德·本·穆罕默德·卡西米

市政当局主席

谢赫哈立德·本·穆罕默德·卡西米发动政变的时候，我正在迪拜，与一家体育俱乐部的管理方商谈足球比赛的安排。我那时是纳迦俱乐部的主席，这个俱乐部的前身就是“人民体育文化俱乐部”，因为上演话剧《犹太复国主义的代表》，俱乐部被迫关闭。

纳迦俱乐部运行了几年，却一直没有自己的总部。于是，我在沙迦的传统居住区租下一处房子，以供俱乐部开展各项活动。那天中午传来消息说，谢赫萨克尔·本·苏尔坦·卡西米被英国人赶下了台。我回到家后才知道事情经过。

纳迦俱乐部的前面有一片空地，我们在那里架起了排球网。有一天，我们像平常一样在打球，住在附近的人围在球场的四周观看。这时，我的哥哥，新任沙迦酋长谢赫哈立德·本·穆罕默德·卡西米派人找到我，说酋长要见我。我对来人说，稍晚的时候我会自己过去。

昏礼之后，我去沙迦城堡见我哥哥谢赫哈立德·本·穆罕默德·卡西米。我到的时候，看见他正和几个人坐在那里。我和他打了招呼，他注意到我的表情不太开心。哥哥把我叫到一边，对我说：“我们之所以没有告诉你，是因为我们知道你是怎么想的。”

我回答说：“你怎么都可以，但不该借英国人之手。”

他说：“我难道应该等着他来杀我吗？你自己就能证明这种可能性的存在，他们曾经向你开枪。”

我哥哥提到的枪击事件发生在政变前大约一个星期。那段时间，谢赫哈立德·本·穆罕默德·卡西米的妻子在迪拜的科威特医院住院。我母亲让我带她去医院看望她的儿媳妇，在医院门前，我遇见了哥哥谢赫哈立德。我告诉他，那天夜里回家的时候，有人从城堡车库的房顶上向我开枪。

谢赫哈立德说：“他们的目标是我，不是你，这就是我离开沙迦的原因。你迟早也会被迫离开，只是时间问题。”

我对他说：“没人能让我离开沙迦。”

哥哥说话时声音压得很低，我由此知道他们正在谋划着什么事情。

于是我说：“放聪明些，哈立德，不要到头来你的孩子都成了孤儿。”

这是政变发生前我们兄弟之间的最后一次谈话。

哥哥哈立德问我：“你在想什么呢？”

我说：“我在想我在迪拜的科威特医院门前对你说的话。”

谢赫哈立德接着说：“我希望你能和我在一起，你可以得到想得到的任何职位。”

“我做不到，”我回答说，“因为我要去开罗读书。”

“哪怕只是暂时这样。”

“那我去市政当局。”我说。

“就这么定了。”他答道。

于是，我担任了市政当局的主席，并任命谢赫沙特·本·苏尔坦·卡西米担任副主席。我在那个职位上只干了两个月，后来我的酋长哥哥让谢赫沙特·本·苏尔坦·卡西米接替了我。

我把时间都用在学习数学上，准备参加补考，这是最后一门考试。因为有同学企图抄袭我的答卷，我上次的考试成绩作废。我到科威特参加了考试，顺利通过。我请科威特教育部把我的试卷赶快寄到埃及，我人随后就到。

第十二章

大学时代：第一部分

1965年9月底，我到了开罗。学校10月初开学，我的目标是进入开罗大学的农学院。一个半月之后，我被录取。

巧合帮大忙

学生中有一个阿曼人，名叫马哈茂德·阿卜杜勒-纳比，他也是农学院的学生，而且认识学生处的主管侯赛因·贾德先生。有一天，侯赛因·贾德对马哈茂德·阿卜杜勒-纳比说："今天你又有一位同胞被学校录取了。"

马哈茂德问侯赛因·贾德这位同学的名字，侯赛因·贾德翻看了几张纸，然后回答说："苏尔坦·本·穆罕默德·卡西米"（我填写护照时，国籍一栏写的是"阿曼"而不是"沙迦酋长国"）。

马哈茂德·阿卜杜勒-纳比出了农学院，在沙迦学生宿舍区附近找到了我的住处。他告诉我，我已被开罗大学农学院录取。我终于如愿以偿。

我跟着马哈茂德·阿卜杜勒-纳比到了农学院，侯赛因·贾德先生带着我办完一道道入学登记手续。他让我交三张护照相片和一份体检报告，我当即就到学校外面打听哪里拍护照相片最快，有人告诉我去开罗市中心的解放广场，政府大楼前面有家这样的照相馆。于是我去那里照了三张相。可是，因为照相机太旧的原因，拍出来的相片不清楚，一点不像我。离开解放广场，我去吉萨的医学中心体检，然后被带到另一个地方检查视力。之后我又被带到别处拍X光片，可是等我到那里的时候，发现那里挤满了体检的学生。不一会儿，主管医生走过来告诉我们胶片已经用完，建议我们第二天再来。大家都无精打采地出了门，但是我留了下来，两眼望着医生。医生问我："说你呢，你有什么事吗？"

我回答说："我的情况很特殊，我明天必须拿到居留许可证，延误的话，我就要缴纳50镑的罚款。领居留证，必须先拿到学校发的卡片；要拿到卡片，必须先交X光片。所以，今天我准备买一张X光片，无论去什么地方买都行。"

医生打断我的话，对我说："我们可以为你拍一张。"医生把我带到X光室，吩咐那里的人给我透视，让我早上来取片子。第二天早上，我取了X光片和体检结果，然后交到新生注册处。他们收下我的全部材料，唯独不收我的相片，说相片不像我。这时候，侯赛因·贾德先生出来打圆场，他承诺我会尽快补交"干净的"相片（他把清晰的相片说成是"干净的"），现有的相片只作临时使用。

我在农学院所有的入学登记手续24小时内即告完成，免去了长时间的等待之苦。按正常程序，农学院首先要致信开罗的协调局，协调局再致信埃及高等教育部，高等教育部再联系开罗的科威特驻埃及大使馆，最后由大使馆将我被开罗大学农学院录取的消息通知沙迦的官员。这一过程全部结束的时候，我已被农学院录取一个多月了，那是1965—1966学年。

就这样，我开始了在开罗大学农学院第一年的大学生活。

阿拉伯俱乐部

1966年6月中旬，学校放了暑假，我回到沙迦。阿拉伯俱乐部总部的建筑工程已经完工，只是缺少生活便利设施。我很快配齐了所需设施，俱乐部随即对市民开放。以俱乐部为编辑部，我开始发行一份名为《觉悟》的周刊杂志，该杂志由迪拜的哈利法·纳布达印刷所印制，一直发行到我回农学院读大学二年级为止。那是在9月份，1966—1967学年开学的时候。

读大学二年级的时候，我选修了“畜牧科学”这门课，“畜牧”指的是骆驼、奶牛、绵羊和山羊等家畜。讲授这门课程的是阿卜杜勒-拉蒂夫·巴德鲁丁教授，他毕业于苏格兰爱丁堡大学的畜牧研究院，和学生们相处融洽。有一天他向学生讲起自己在爱丁堡大学读博士期间的经历：

“一次，英国驻苏丹总督致函爱丁堡大学畜牧研究院院长，请教他如何提高苏丹的养牛水平。院长把这个问题交给自己的研究生解答，要求他们写一份关于如何提高苏丹养牛水平的报告。

“报告交上来后被院长束之高阁，学生们对此颇为不满。于是，院长对学生说，这些报告对提高苏丹的养牛水平毫无用处，并让秘书写了回信：

英国驻苏丹总督：

如果您想提高苏丹的养牛水平，那么首先请提高这个国家人民的生活水平。”

埃及总统府

新学年一开始，开罗大学学生会就很活跃，这是因为学生会的各个委员会在进行选举。学生会有点像俱乐部。那一年发生了一件令人震惊的事情，事情发生得很突然，事先也没有任何预兆。选举中，大多数学生会的领导权都落入信奉阿拉伯民族主义的学生手中，他们大张旗鼓地庆祝胜利，引起了信奉联合主义和共产主义的学生的不满。尽管在学生会选举中失去了所有的职位，信奉联合主义的学生试图继续开展活动，他们抓住了马吉达里烈士牺牲纪念日这个机会。马吉达里是阿拉伯南部人，曾经在亚丁与英国人作战。为了使纪念活动演变为引人注目的重大事件，信奉联合主义的学生决定组织一次游行，游行路线将经过开罗的各条街道。但是，由于埃及政府当局拒绝发放游行许可，游行组织者决定让包括我和马哈茂德·阿卜杜勒-纳比在内的一些阿曼学生，前去面见埃及总统贾迈勒·阿卜杜尔·纳赛尔。

确定了与总统见面的时间后，我们那天上午前往总统府。一名在大门口等我们的军官把我们带到靠近入口的一个房间。不一会儿，一辆轿车从总统府开来，车上坐着一个身着便装的人，我们不知道这个人的职位或军衔，但看见一路上所有的士兵都在向他敬礼。

在总统府，纳比勒·法特赫·巴卜接待了我们。得知我们的要求后，他让我们在靠近他办公室的一个房间坐下。长时间的等待之后，他进来告诉我们："总统公务繁忙。他说你们可以举行一个纪念仪式，但你们绝不能上街游行。"

马吉达里烈士的纪念活动在共和国大街的新闻记者联合会举行。发言者中有阿明·贾丹，他在选举中败给民族主义学生，丢掉了叙利亚学生学生会主席的位置，因此在发言中对对手言辞刻薄。他的发言先是引起争论，接着是双方对峙，继而升级为斗殴。在记者联合会的会堂里，主席台上的椅子在会场里乱飞，前窗玻璃被砸碎，人们从会场拥到共和国大街上。招架不住的民族主义学生落荒而逃，联合主义学生紧追不舍，结果交通瘫痪，行人聚集在人行道上看热闹。这正是联合主义学生想要的效果。

自行车

阿布·卡西达是一名在开罗读书的、来自阿曼佐法尔地区的学生。和他一起到开罗的还有一个塞拉莱[1]人，这个人曾经在那里被关过几天监狱，因为他在拥挤的塞拉莱集市骑自行车。那里禁止骑车，况且他还撞了人。阿布·卡西达和他的这个朋友成立了一个名为"佐法尔解放阵线"的组织。有一天，我们几个同学走在开罗的大街上，在一处建筑一楼悬挂的一块招牌吸引了我们的目光，上书"佐法尔解放阵线办事处"。

我们朝这个办事处走去，想看个究竟。办事处里只有那个塞拉莱人，他向我们讲述了他因为在塞拉莱集市骑自行车而坐牢的事，除此以外，再无别的故事。他把骑车撞人的经历夸大成一场斗争，又把这场斗争夸大成一场革命。

我们和法特希·迪卜先生取得了联系，他是埃及执政党阿拉

1　阿曼地名。

伯社会主义联盟秘书处的成员，实际上是负责领导“阿拉伯世界解放运动”的官员。我们向他解释了塞拉莱人的所作所为，并告诉他佐法尔是阿曼的一部分。埃及当局立即关闭了这个办事处。

几天以后，这个办事处重新开门。我们意识到，这个办事处背后有阿布·卡西达和阿拉伯民族主义者的支持。

自行车问题已经演变成一个国家和民族的问题。

六月战争[1]

1967年6月初，战争准备正在进行中。同时，农学院第二学年第二学期的考试已经开始。

我们听到大炮开火的巨响时，已经考完了几门课。那天是1967年6月5日，我来到大街上，看见人们在欢呼，高唱“真主至大”。也有的人仰面望天，想透过漫天的灰尘看到从空中飞过的战斗机。

那天我去了阿古扎，来到优素福·哈桑和里亚德·阿布·马哈茂德的住处，他们是我在农学院的同学。我们从那里去了阿拉伯社会主义联盟的总部大楼，与法特希·迪卜先生见面。

我们赶到时，那里已经聚集了很多来自阿拉伯国家的学生。有志愿者要求到前线参战，当局决定将我们编入他们的行列。但由于我们之前从未接受过任何军事训练，当局又把我们送到金字塔附近的巴尼优素福训练营，我们在那里接受了两天的武器操作训练。接着又传来命令，我们被转移到了加齐拉俱乐部的军营。

我们又经过了两天的军事训练。然而，1967年6月9日夜里，

1　即第三次中东战争。交战双方为以色列和阿拉伯国家。战争从1967年6月5日开始，6月10日停火，为期六天，阿拉伯国家战败。

贾迈勒·阿卜杜尔·纳赛尔总统突然宣布辞职！

消息传来，人们纷纷走上街头。那一天，乌云遮住了太阳，所有的路灯都被熄灭，我们陷入一片黑暗中。人群堵塞了街道，我无处可去，只好在刚过加拉桥的一个地方，坐在加齐拉大街人行道的木凳上，望着人们迈着沉重的脚步从我身边走过。

我难以控制愤懑的情绪，写下了下面这首诗：

我的祖国，你有一个奇怪的秘密
你心中的家园，由外人主宰
是谁让你的黎明连着黄昏？
又是谁把你的笑声化成泪水？
他就在你、在我、在每一位朋友的身边
他是我们的敌人，今天他亮出了弓箭
遗憾啊，我的祖国，遗憾
女孩正值无邪的童年
女人岁月风华，步履含羞
少年已是一身的男子气概
青年难以抑制青春的躁动
老人暮年，无欲无求
但如今，他们的笑颜已被掠尽
遗憾啊，我的祖国，遗憾
在我的祖国，蜘蛛在结网
家家户户隔着高墙
这边有人卧病在床，那边有人已经死亡
孱弱的病者为孩子觅来食物

一粒枣、一片面包，还有鱼一条
人们却笑而无语
遗憾啊，我的祖国，遗憾
我的兄长，让我们奋起，挣脱外来的伤害
兄长啊，不要说这是命运的安排
只要有希望和努力，我们必会胜利
只要有执着和虔诚，我们必达目的
只要有信仰，真主会赐予我们无敌的力量
兄长啊，让我们保卫我们的尊严
用勇气，我的祖国啊，用我们的勇气。

期末考试继续进行，由于当时的精神状态，我有几门功课的考试没有通过。考试结束后，我回到沙迦。我不在的这段时间，沙迦发生了许多事情。

1967年6月7日，来自各酋长国的人们聚集在迪拜的科威特办事处，他们要求去科威特，以志愿者的身份参加埃及军队。阿卜杜勒-阿齐兹·本·穆罕默德·卡西米上尉和费萨尔·本·苏尔坦·卡西米上尉离开了特鲁西尔阿曼监察部队，也出现在要求参加志愿军的人群中。人们在那里聚集了四天，高呼口号，大骂英国人和美国人，但是毫无结果。科威特办事处始终没有开门接受人们的入境请求。

在沙迦，1967年6月7日的晚上，属于特鲁西尔阿曼监察部队和英国皇家空军的希拉帆船俱乐部突然发生火灾，大火毁坏了棕榈屋。在皇家空军的消防车扑灭大火之前，一些帆船已被烧毁。消防车一到，聚集在那里的人群就开始向它投掷石块，车里的人只好把消防水枪对准人群，而不是火场。

1967年6月8日，“海湾之声”电台和无线电发射台之间的电缆被割断，电台播音全天中断。英国人把这家电台建在他们的基地内，用阿拉伯语播音。

卡拉奇之行

在沙迦听到的有关战争和战争进程的消息让我无法忍受。消息在人们口中相传，每个小时都会有新消息传来。于是，我决定去巴基斯坦的卡拉奇。

我在卡拉奇停留了十天，游览了那里为数不多的几处景点。最重要的地标性建筑是那里的“国防清真寺”，形状像一个没有支柱的巨大的圆顶，可容纳数千信众做礼拜。但是昏礼的时候，清真寺里的信众并不多。清真寺建在城市东部的高地上，位于卡拉奇位置最优越的“国防”区，街道整洁，漂亮的房屋掩映在开花的树木中，周围是花园。

第二天晚上，我去了城区西部的利阿里，那是卡拉奇最贫穷的地区，延绵数公里。我在利阿里的街道游荡，街道两边都是些铁皮房，空气中弥漫着下水道的臭味。

遭遇拉左格利的埃及安全人员

结束了卡拉奇之行，我在沙迦游历数日，然后回到开罗，完成我在农学院第二学年余下的课程。这时候，我哥哥谢赫哈立德·本·穆罕默德·卡西米为我送来一辆刚上市的1968年款的“奔驰”车。

余下的课程数量很少，我可以花大量时间研究清真寺和历史建筑上的伊斯兰教碑文。每次我把车停在清真寺或历史建筑的前面，我的“奔驰”车总会引起别人的注意。一个年轻人（我）下了车就仔细研究这些建筑，然后回到车上，驾车离去。有时候这个年轻人（我）还会爬上一堆瓦砾，看个究竟，因为有一部分历史建筑埋在瓦砾下面。因为我的车速比他们快，那些被派来监视我的情报人员疲于奔命，后来埃及安全部不得不让肖卡特·胡斯尼少校跟我联系。肖卡特·胡斯尼少校负责监视阿拉伯学生的活动，我在不少场合见过他，但也只是点头之交。

“我希望能认识你。”少校对我说。

我说：“但是有一个条件。那就是，你们不要像影子一样到处跟着我。”

“这件事由‘大人物’管。”他说。

“‘大人物’是谁？！是阿卜杜尔·纳赛尔吗？！”我问道。

“那倒不是。他是我们的头儿，在拉左格利。”

“在哪里？”我问。

“拉左格利的国家安全部。”

肖卡特·胡斯尼少校安排我和国家安全部的马哈茂德·沙拉维将军见面，他是阿拉伯活动局的局长。我们见面时，将军很客气。他把一个手下叫进来，对他说：“把苏尔坦的卷宗拿给我。”

我问他：“你们有我的卷宗？”

他回答说：“当然，每个人都有卷宗。”

眨眼的工夫，我的卷宗就被送到。为了这次会面，我的卷宗好像事先已经被调了出来。马哈茂德·沙拉维打开卷宗，一边翻阅，一边读：“你某天到过某个地方。”

他开始一一说出我到过的地方，然后问我：“你到那里干什么？”

我回到说：“我在了解埃及。”

他又接着问：“在这些地方了解埃及吗？”

我回答说：“您是希望我在哈拉姆大街了解埃及吗？！”（哈拉姆大街是夜总会的集中地。）

将军起身和我告别，卷宗放在桌上，仍然打开着。

我问他：“您不打算把卷宗合上吗？”

他走过去合上卷宗，一边还说：“我们会把它合上。”我又问：“您的意思是卷宗合上后，事情就了结了吗？”

他回答说：“是的，合上后事情就结了。”

我的哥哥阿卜杜勒–阿齐兹：霍尔费坎[1]副总督

我通过了第二学年全部剩余课程的考试，于1968年6月中旬回到沙迦。这时我发现我的三个兄弟之间起了争执。

副酋长谢赫萨克尔和当酋长的哥哥谢赫哈立德·本·穆罕默德·卡西米之间出现了嫌隙，这是因为他和酋长的秘书贾西姆·本·赛义夫·米德法难以相处。

酋长谢赫哈立德想在沙迦成立一支警察部队。经过与迪拜的英国政治代表协商，驻巴林的英国政治公使对这一想法表示赞同。谢赫哈立德的另一个弟弟，阿卜杜勒–阿齐兹那时还没有任何职位，谢赫哈立德授权他组建这支警察部队。英国政治代表不同意这么做，理由是组建警察部队需要专业人士。于是英国方面

1　阿联酋的主要集装箱港口之一，濒临阿曼湾。

很快就推荐了英国人伯恩斯先生。

谢赫哈立德又回头找到英国政治代表，告诉对方，他将任命阿卜杜勒-阿齐兹担任沙迦警察总监，职务在伯恩斯之上。英国政治代表又不同意，他告诉谢赫哈立德，伯恩斯只听命于沙迦酋长，而不是其他任何人，所以没有必要再任命阿卜杜勒-阿齐兹。

于是，1968年5月初，谢赫哈立德·本·穆罕默德·卡西米任命阿卜杜勒-阿齐兹担任东部省的副总督，东部省的首府在霍尔费坎。根据这一任命，阿卜杜勒-阿齐兹接替了奥斯曼·巴鲁特，而后者被调任到一个级别低于副总督的职位上。

谢赫阿卜杜勒-阿齐兹到任后的某一天，在霍尔费坎的集市上，印度理发师和一个沙迦本地人争吵了起来，起因是印度水果商贩的芒果价格。两个人先是动嘴，接着就动了手。理发师手里拿着剪刀，刺伤了对方，受伤的沙迦人向集市里的同胞求援。就这样，两个人的打斗升级为一场小规模的群殴，一方是照看店铺的印度人和巴基斯坦人，另一方是逛集市的当地人。打斗中，有几家店铺被毁。阿卜杜勒-阿齐兹亲自带领一队警察赶到现场，他自己就像是警队的队长。他下令逮捕了在场的28个霍尔费坎当地人，谢赫哈立德得知此事，又下令把他们全放了。

谢赫阿卜杜勒-阿齐兹认为，谢赫哈立德这样做有损他在东部省的声望和权威。而且他相信，奥斯曼·巴鲁特不怀好意地把发生在霍尔费坎的事情报告给了沙迦城里的谢赫哈立德，他指望着会有人请他出面，平息事件。

代行酋长职务

沙迦酋长谢赫哈立德要去英国，希望出国期间由我代行他的职务。谢赫哈立德出发前，我建议他应该和弟弟谢赫萨克尔先商量一下，哈立德同意了。

我联系了萨克尔，把这事告诉了他。但他拒绝去见谢赫哈立德，并说："他应该来找我。"我建议说，我们可以先去城堡内宅的一个起居室，谢赫哈立德会到那里找我们。萨克尔同意了我的安排。

谢赫哈立德走进起居室的时候，我和萨克尔正坐在里面。谢赫萨克尔和哥哥谢赫哈立德握了手。谢赫哈立德先说了一些和当天的话题无关的事情，然后我走到谢赫哈立德面前，对他说："殿下，请允许我说几句。之前您指示我代行酋长职责，但那时您和萨克尔有分歧。感谢真主！在见面的问题上你们如今不再有分歧。谢赫萨克尔，您反对我这样说吗？"

谢赫萨克尔回答："不，我不反对。你我如同一人，您的意见就是我的。"

我们准备离开的时候，谢赫哈立德问我们："我们一起吃午饭，好吗？"

我回答说："萨克尔哥哥已经邀请我和他一起吃午饭了。"

沙迦酋长谢赫哈立德决定在1968年7月的第一个星期去英国。动身那天，很多人到迪拜机场送行。谢赫阿卜杜勒-阿齐兹迟到了，飞机舱门关闭前的那一刻，他快速跑向飞机，和谢赫哈立德告别。他还问谢赫哈立德："殿下，您对我还有什么吩咐吗？"

谢赫哈立德回答说："和我以前告诉你的一样，你的职责是管理好东部省，就是这些。”

谢赫阿卜杜勒-阿齐兹还问：“如果沙迦发生骚乱，我该如何处置？”

谢赫哈立德说：“苏尔坦·本·穆罕默德会处理的。”

谢赫哈立德离开沙迦的六个星期一直待在伦敦。在这段时间里，沙迦发生了一件奇怪的事情。武装的贝都因人包围了马利哈的农业办事处，我不得不驾驶一辆“路虎”越野车，带着几名警察，穿越炽热的夏季沙漠，前往距离沙迦城40公里的马利哈地区。

到马利哈以后，我先向贝都因人的首领阿瓦德·本·赛义夫·哈苏尼打听情况。他告诉我，一名巴基斯坦人和一位英国先生躲在农业办事处，英国先生是办事处的主任。巴基斯坦人性侵了一头骆驼，所以英国人应该把他交出来。

我向阿瓦德·本·赛义夫保证，这个巴基斯坦人必将受到惩罚，但我必须把他带回沙迦处置；而且阿瓦德·本·赛义夫可以和我一起回沙迦，亲眼目睹刑罚的执行过程。

在我带来的警察的监督下，农业办事处主任交出了巴基斯坦人。我吩咐把这个人带到我开来的车上，和警察坐在一起；阿瓦德·本·赛义夫坐在我旁边。回到沙迦后，我下令将巴基斯坦人带到法庭受审，法官是埃及人谢赫穆罕默德·坦迪。我建议他先通知我判决结果，然后再执行。

在等待巴基斯坦人的判决结果的时候，电话响了。打来电话的是英国助理政治代表特伦斯克拉克先生，他当时一边代行政治代表戴维·罗伯茨（此人在酋长国的任职已到期）的职责，一边等待新任政治代表。

在电话里问候过我之后，助理政治代表说："谢赫苏尔坦，印度人和巴基斯坦人受英国保护，当地法庭不能判他们的刑，他们的刑罚只能通过英国政治代表处。"

我说："那个巴基斯坦人做出了卑鄙的行为，理应受到伊斯兰法律的惩罚，因为他是一个穆斯林。"

助理政治代表又说："我们会起诉他，你不太了解各位酋长与英国签订的协议。"

我回答说："我并不反对，但前提是英国政治代表处有自己的伊斯兰法庭……"

这时，电话又响了，是法官谢赫穆罕默德·坦迪，他说："判决结果是鞭打一百下。"

我对他说："那就执行吧！"

第二天早上，我看见一队坦克开进乌鲁巴大街，由北向南穿过沙迦城。我当即给克拉克先生打电话，问他："一队坦克正在穿过沙迦城，这是在向我发出威胁信号吗？"

克拉克先生回答说："不是。我对此一无所知！"

我接着说："我向真主发誓，如果这种挑衅再不停止，我会让全城的人朝坦克扔石块。"

克拉克先生连忙回答："不要给我们惹麻烦，我现在就去见您。"

半小时后，助理政治代表克拉克先生就到了。我在宾馆的办公室接待了他，大多数政府部门都在这个宾馆里办公。以下是我们的谈话：

我说："如果我在米莱哈不那么做，那个巴基斯坦人和英国人很可能已死于非命。现在好了，一百鞭子救了巴基斯坦人一条命。挨了鞭子之后，他理理衬衫，还能自己走路。”

克拉克先生说：“谢谢您这么做。”

我回答说：“您感谢我的方式是把坦克开到闹市区的大街上吗？！”

克拉克先生说：“我不知道坦克是怎么回事。我问过，有人告诉我那是英国军队的坦克，是从沙迦的希拉开来的，目的地是英国基地。”

于是我说：“我为我早上说的话道歉。”

克拉克先生说：“没关系。但是我希望您把我当作一个朋友，遇到棘手的问题，尽管找我。”

“那就让我们做朋友吧。”我说。

克拉克先生接着又说：“新任英国政治代表，朱利安·布拉德先生今天夜里从巴林飞抵迪拜机场，我希望您能和我一起去迎接他。”

我告诉他：“我会在飞机降落之前赶到那里。”

飞机降落后，克拉克先生和新任英国政治代表握手，并把我介绍给他：“这位是谢赫苏尔坦·本·穆罕默德·卡西米，沙迦酋长的弟弟。尽管他一直在接受埃及人的教育，但他现在是沙迦的代理酋长。”

在去官邸的路上，我向新任政治代表做了自我介绍：“我在沙迦出生，也是在这里接受的教育。我在这里上的学，后来又在英国政治代表处的商贸学校教过三年书。我是最近才去的开罗，在那里完成了大学学业。”

谢赫哈立德·本·穆罕默德·卡西米从伦敦回到了沙迦。在我请求回埃及完成学业之前，谢赫哈立德的法律顾问，尤斯里·杜韦克说要和我见面，有要事商量。

我们见面的时候，他提出由我出任东部地区的副总督，接替谢赫阿卜杜勒-阿齐兹。我没有接受，理由是我必须继续我的学业。

第二天，尤斯里·杜韦克又向我提出另外一个职位，沙迦副酋长。他说：“这样做就不需要颁布新的法令，因为你现在仍然是代理酋长。”

我问他：“谢赫萨克尔和谢赫阿卜杜勒-阿齐兹出了什么事，以至于让我接替他们的职位？”

他回答说：“他们俩的关系搞僵了，现在只剩下你。”

我说：“我不能接受这样的职位，因为我很快就要去开罗。”

第二天上午，我向谢赫哈立德辞行，其间没有说到有关我的新职位的事。

第十三章

大学时代：第二部分

1968年9月我回到开罗，开始了农学院第三学年第一学期的学习。

那年斋月期间，我哥哥谢赫萨克尔·本·穆罕默德·卡西米到开罗来看我。他直接从机场到了我的住处。见到我后，他一直不停地抱怨、发牢骚。

问候一番后，我问他："出什么事了？"

他说："到处是坟墓，到处臭气熏天，这是一个什么样的国家啊？"

我这时才明白他为什么总是在抱怨。萨克尔从机场过来的时候，出租车司机走的是萨拉萨利姆大道，路旁有一片墓地；然后他们又路过了马吉拉欧云，那里有一家皮革厂整天散发着恶臭。

我对他说："等你休息好了，我带你到开罗转转。"

我驾车带着谢赫萨克尔从机场方向进入开罗，然后经乌鲁巴大街返回我的住处。途中，我们从乌鲁巴大街转到赫利奥波利斯，那里有漂亮的建筑，街道也很现代，两边的树木是最近刚栽上的。黄昏的时候，我俩回到我的住处开斋。

开完斋，我对谢赫萨克尔说，我要带他去开罗的侯赛因清真寺，参加那里的“台拉威”[1]拜，这是一种特殊的斋月礼拜。侯赛因地区的主要道路和广场挤满了准备行宵礼的人们，宵礼之后才是时间更长的“台拉威”拜。宵礼结束后，人群像田地里的蝗虫一样四散而去。广场上有一个书市，还有几处临时搭建的剧场，当地的歌手和乐队在里面表演节目。扎卡里亚·哈贾维是当时的著名歌手，他刚结束乡村巡演回到开罗，这会儿正在向观众介绍一位名叫哈德拉的女歌手和表演鼓乐舞蹈的布海拉演出组合。

仅仅过了几天，美丽的历史建筑就抹去了谢赫萨克尔脑海中关于墓地的记忆，他也不会再想起散发着臭气的皮革厂了。开罗的一处处花香四溢的公园和花园占据了他的全部记忆。

在第三学年第一学期的考试中，我的课程全部通过，顺利开始第二学期的学业。

斋月期间，迪拜商人乌马尔·本·阿卜杜拉·弗拉西和他的一位朋友到开罗游玩，住在奥马尔海亚姆旅馆。由于全开罗的旅馆总是客人爆满，旅馆的主人都会在花园里用木材修几间额外的客房。乌马尔·本·阿卜杜拉住的就是这样的房间，客房的木头墙板很薄，屋外的声音稍大一些，屋里全都能听见。

我到乌马尔·本·阿卜杜拉的房间看他时，他就向我抱怨，外面的鼓声和唱歌跳舞的声音每晚都会吵得他心烦意乱。那天晚上，他带我去旅馆主楼的餐厅，请我吃饭。我们来到大堂的时候，正赶上那里举办婚礼招待会。新娘走下楼梯时，鼓声、笛声大作，震耳欲聋。一位穿着暴露的跳舞女子走在前面，为新娘引

1　逊尼派穆斯林在斋月的每天晚上宵礼之后进行的特殊礼拜。

路。她突然一下子到了我们面前，我们想躲开，但一群祝福的人从后面把我们围住，我们无路可逃。结果，我们俩一个在新娘的右边，另一个在新郎的左边，一直到招待会结束才得以脱身。

过后，乌马尔·本·阿卜杜拉先生问我：“这个允许吗？”我说：“您是说明天和我一起参加星期五礼拜仪式吗？”他回答：“正是！”

星期五礼拜仪式前，我和乌马尔·本·阿卜杜拉去了尼罗河宫大街，“卡萨布兰卡”咖啡馆就在这条街上，老板是穆罕默德·阿卜杜勒-萨拉姆。我在那里取了两条拜毯，这是我事先让咖啡馆老板那天早上带到店里的。

我们接着出发去谢里夫大街，到那里的谢里夫清真寺做礼拜。但是清真寺里的人非常多，不少人只好在大街上行拜礼。我们把拜毯铺在地上，和最后一排信众坐到一起。这时候演讲已近尾声，信众们附和着伊玛目的祈愿，嘴里不住地说着“阿敏……阿敏……阿敏……阿敏！”

乌马尔·本·阿卜杜拉问我：“清真寺在什么地方呢？”“前面很远的地方。”我回答说。

他说：“这得有多少信众啊！哦，埃及！”

阿曼学生会

古姆胡里亚大街上的阿曼学生会，除了阿布·卡西达，没有成员与阿拉伯民族主义运动有联系。阿布·卡西达来自阿曼的佐法尔，学生会选举的时候，除了他自己，没人投他的票。于是，他开始招募阿曼和桑给巴尔在埃及中小学读书的学生加入学生会。学生会还获得了“埃及捐助基金”的少量资助。加入阿曼学生会的前提条件是不参加选举。每个来自沙迦并接受过科威特资助的学生，每月必须向学生会缴纳3埃镑，这笔钱发放给新加入的非大学生会员。

招募非大学生会员整整一年后，阿布·卡西达终于找到了控制学生会的办法。学生会准备举办一次茶会，很多大学生和非大学生会员都要参加。我那时候是学生会的主席，拉希德·本·苏尔坦·马哈维负责学生会的财务。正当我们在茶会上开心说笑的时候，一位非大学生会员走到我面前，把一盘水果和糕点摔在我脚下，大声说："我们不是乞丐！不需要你的施舍！"这个人想在茶会上捣乱，继而挑起斗殴，从而达到控制学生会的目的。

我对他说："你不能这样讲话。你的这种行为是不可接受的！"

他用力推了我一把，马上有几个大学生站到我身边保护我。接着就爆发了斗殴，所有在场的学生都动了手。结果非大学生败在大学生手下，他们从六楼顺着楼梯往下逃，大学生都在后面追，一边追，还一边打。这帮人跑上了古姆胡里亚大街，我们追了一段路就折回了。

我们离开学生会后，发现非大学生会员已经报警。他们声称自己"无缘无故地"遭到暴力殴打，被打得鼻青脸肿就是他们的证据。楼里的保安和沿街店铺里的人只能对警察说，那帮人的确挨了我们的揍。阿布·卡西达他们还向警察谎称，我们霸占了本该属于他们的学生会。结果，警察用红色腊封封了学生会的门。

第二天，拉希德·本·苏尔坦·马哈维过来告诉我，学生会的清洁工联系过他，告诉他学生会的办公室被警察封了。不巧的是，那会儿已是晚上，联系不到有权处理此事的政府人员，向他提出申诉。

第三天上午，我去找了埃及政府官员，向他们解释说那些人都不是大学生，根据学生会的规定，他们没有加入学生会的资格。听了我的解释，政府官员立刻取下了学生会门上的红色腊封。

非大学生会员们得知事情的进展后，再次找到埃及官员，讲述了他们编造的故事，接着他们又来到学生会总部，破门而入，占领了学生会。那名清洁工又把情况告诉了拉希德·马哈维。拉希德对阿布·卡西达一伙人的行为感到震惊，便跑来找我。我对他说：“你不是阿曼人，我也不是。我们为什么要为这件事如此烦恼呢？”

最后，我们把学生会让给了他们。

第三学年的第二学期圆满结束。暑假的时候，我和妹妹娜依玛，还有她的丈夫和孩子去了伦敦，在那里度夏。

拆除沙迦城堡

1970年1月，第一学期的期末考试开始前，一位从沙迦来的朋友打来电话说，沙迦城堡已经开始拆除。为了阻止这件事，我立即赶回沙迦。

当时离考试开始只剩两天时间。我是夜里回到沙迦的，早上就去了城堡。到了以后发现，城堡已经拆得只剩下那座叫“库布斯”的塔楼和一段与塔楼相连的几米高的围墙。

为了阻止拆除城堡，我跑到王宫面见沙迦酋长，我的哥哥谢赫哈立德·本·穆罕默德·卡西米，向他解释城堡对沙迦人的重要性。

我问谢赫哈立德："您为什么要拆除城堡？"

他回答说："我不想看到谢赫萨克尔·本·苏尔坦·卡西米（前任酋长）留下的任何痕迹。"

我对他说："城堡是你我祖辈岁月的留存。谢赫萨克尔·本·苏尔坦·卡西米的最后痕迹并不是这座城堡，而是这座您现在身居其中的宫殿。"

谢赫哈立德听罢沉默不语。然后他说："快去，让他们停止拆除。"

"我今天早上已经阻止了他们。"我告诉他。

我回到城堡的拆除工地，详细记录下所有建筑物的各种尺寸。这项工作并不难，因为城堡的地基已经暴露在外，便于测量。我把门和一些木窗都收集起来，并涂上防虫剂，然后把它们放在一个安全的地方，希望将来有一天能把它们重新安装回城堡。（1996年1月，城堡的重建工程开工，原有的门窗被安装回原处。重建工程于1997年4月完工，带有原始门窗的城堡如今依然挺立。）

这时，离考试只剩一天时间。我买了联程机票，那天我先从迪拜飞到贝鲁特，再从那里飞开罗。然而，到贝鲁特后，航空公司的一位官员通知我，去开罗的航班没有为我预留座位。为了订到座位，我尝试了所有航空公司的所有航班，只要有座位，哪怕是先飞到欧洲，再从那里飞回开罗都可以。但我的努力无果而终。

这时已是考试当天的凌晨1点，广播里正在通知苏丹航空经由开罗飞往喀土穆的航班信息。我之前到苏丹航空的值机台订过座位，但没订上。此时我心里想，这次我得尝试一下其他办法。

我一直在犹豫要不要这样做，但如今形势所迫，身不由己。有位诗人曾经说过：

如果你发现，刀尖是唯一的路，
那么你别无选择，只能刀尖上行走。

于是，我把一张百元美钞夹在护照里，我护照上的名字前面有“谢赫”头衔。我向苏尔坦航空的订座员递上那张没有订到座位的机票和夹着百元美钞的护照，说：“我今天早上无论如何必须赶到开罗。”订座员打开我的护照，看到钞票上富兰克林·罗斯福的头像时，对我说：“欢迎您，尊贵的谢赫！”

接着，他从乘客名单上划掉一个名字，让我直接去那架飞机的登机区。

飞机上，坐在我旁边的是一位苏丹乘客。这时我已是筋疲力尽，但脑子里还想着即将到来的考试，于是决定利用飞行时间睡一觉。我告诉旁边的苏丹人不要吵醒我，还告诉他，吃的、喝的我都不需要。

过了一会儿，他叫醒了我。

“你有什么事吗？”我问他。

“乘务员问，你是否需要一杯茶。”

“我告诉过你，我不需要茶，我现在需要的是睡眠。”我没好气地回答，说完又睡着了。

过了一会儿，他又把我叫醒。

我很恼火：“这次你又有什么事呢？”

“乘务员问，你是否需要早餐。”

“我什么都不需要！”我大声说。

说完我接着又呼呼大睡。可是他再次把我叫醒。

我忍无可忍，对他大叫起来：“你必须停止这种行为！必须停止！”

他回答说：“你必须停止这种行为，不是我。我无法忍受你的鼾声，我一上飞机，你的鼾声就吵得我心神不宁。”

就在这个时候，广播里传来机长的声音：“请您系好安全带，我们将在15分钟后到达开罗机场。”

太阳露出地平线的时候，我在开罗机场下了飞机。匆忙办理完全部的入境手续后，我乘出租车赶回住处，拿上学生证和钢笔，就直奔考场。由于紧张和疲劳，我的考试没能通过。这是我为保护沙迦城堡付出的代价。

第四学年的第一学期结束时，我通过了余下课程的考试。

以色列间谍事件

大学第四学年的第二学期，我选修了阿卜杜勒-阿利姆·舒山博士的“园艺与装饰植物”课程。

一天，我们在园艺与装饰植物系的花园里拍照片。花园非常漂亮，我很想带相机过来拍一些彩色照片，于是就向朋友阿里·乌艾斯借了相机。第二天下午，我和奥贝德·优素福·卡希尔一起到花园拍照，拍花卉、树木，也拍我们自己。这时，一位身穿卡其布外套的警卫向我们发出警告：“这里禁止拍照！”我对他大声说：“这里没有禁止拍照的东西。昨天我们还在这个花园照相呢。”

警卫问我：“说你呢，你是从哪里来的？”

我回答："我就是这个学校的。"

警卫又问："你有身份证明吗？"

"有。"我说。

我开始找身份证，可是没找到，只好说："身份证忘家里了。"

警卫发出命令："你在前面走，去学校的安全部门。"

就在这时，食品工业系的一位教师从我们旁边路过。我对警卫说："你可以问问这个人。"我转身朝向穆罕默德博士，问他："穆罕默德博士，您认识我吗？"

穆罕默德博士回答："是啊，我认识你。"

警卫说："这个人对着军事设施拍照。"

警卫的话吓跑了穆罕默德，他边跑边说："我不认识这个人！我从来没见过他！"

我对着穆罕默德博士的背影大声喊道："你这个懦夫！"警卫把我们带到农学院大门口的值班警官办公室。我们在那里见到一位下士警官，人们叫他安巴希。他给总部的值班警官打电话："我们抓到几个以色列间谍，他们正在拍摄军事设施的照片！"

我打断他的话，想阻止他，或是希望能和我熟悉的萨利姆警官通电话，但是没能成功。萨利姆警官给下士的命令是，收缴相机，先把我们看管起来，然后送到杜吉的警察局。

下士先对相机做了腊封，之后却没有车送我们去警察局。于是我建议他让一名警察坐我的车一起去警察局。我坐进驾驶座，奥贝德·优素福·卡希尔坐在我旁边，警察坐在后座，冲锋枪抵着我的脖子。车到欧尔曼花园旁边的岔路口时，我发现有三条路可走：

右边的路通向吉萨安全局

左边是杜吉大街，通向警察局

中间是马萨哈大街，通向我的住处

我把车开上了马萨哈大街。坐在后座的警察大叫起来，我脖子后面的枪管抵得更紧了：“回去！左转！走杜吉大街！”

我说：“我得先回住处取我的护照，然后我们再去杜吉警察局。”

沿着马萨哈大街向前的时候，奥贝德·优素福·卡希尔说：“以色列间谍！！间谍想拍照的话，他们会拿着相机招摇过市，当着大家的面拍照吗？真可笑！老天作证，你真是个白痴！”

警察对奥贝德说：“安静！否则掌你的嘴。”

我在住处的楼前停了车，对警察说：“我取一下护照就回来。”

这时，警察调转冲锋枪的枪口，对准奥贝德·卡希尔的后脖颈。

我找护照费了很长时间。奥贝德·卡希尔后来告诉我，警察等得不耐烦，对他说：“你的朋友太磨蹭了！”

奥贝德回答说：“我去叫他。”

“不行，你不能去！”警察说，“我至少要把你们当中的一个交给警察局。”

我终于找到了护照和学生证，随后来到内务部总部所在地。他们把我们带到地下室关了一小时，然后另一名警察把我们带到二楼，贾迈勒·萨利姆少校的办公室。少校让我们取出相机里的胶卷，奥贝德取出胶卷递给了他，我也递上护照和学生证。他把这些东西拿到另外一间相连的办公室里，让我们在二楼办公室等着。

过了不一会儿，贾迈勒·萨利姆少校就回来了，他把护照和学生证还给我，又把胶卷还给奥贝德·卡希尔。接着，他请我们去见他的上司，上司的名字我已不记得。这位上司非常友好地接待了我们，为校警的行为向我们道了歉。

那天夜里我一回到住处，就听见电话铃在不停地响。打电话的是安全部的肖卡特·胡斯尼少校，他说："你一切都好，真是谢天谢地！"

第二天上午，整个学院都在谈论以色列间谍的事。我在学院门前停好车后，门房阿穆·易卜拉欣跑过来为我开车门，他问我："苏尔坦先生，他们昨天在学院里逮捕了两名以色列间谍，您知道吗？"

我告诉他传言的真相："你知道吗？他们昨天逮捕的是我和我的同学。我们在园艺与装饰植物系的花园拍照片。"

接下来，值日的警官跟我讲间谍的事，男女同学也跟我讲，我只得一一纠正。最后，我不得不在上课前，在主阶梯教室，拿着麦克风向同学们解释事情的原委，教室可以坐一千多人。下课后，我们兴奋地走出教室，来到学院的主路上，这条路将学院一分为二。正在这个时候，一队坦克从我们面前开过，男生和女生都叫了起来："你看哪，苏尔坦，你快看哪！"原来，花园里的橘子树下藏了好几排坦克。

暗杀我哥哥的阴谋

第四学年结束了，但由于有三门功课要重修，我这一年的夏天是在开罗度过的。就在这个时候，我发觉有人正在密谋一次暗杀行动，企图把一枚定时炸弹放到沙迦酋长，也就是我哥哥谢赫哈立德·本·穆罕默德·卡西米的椅子下面。当时，我的堂兄谢赫穆罕默德·本·苏尔坦·卡西米正和家人在开罗度夏，于是我去找他商量对策。他建议我立即给谢赫哈立德写信，就可能发生的暗杀行动向他发出警告。

我写了一封信，交给一位要去沙迦的朋友，请他务必把信交到谢赫哈立德本人手里。

那一天晚些时候，我给这位朋友打电话，他告诉我已经把信交给谢赫哈立德本人。那天是1970年7月11日。

1970年7月17日，星期五。这天上午10点，谢赫哈立德和平常一样去他的马吉利斯，这时候一枚炸弹就放在他常坐的沙发下面。似有神明相助，在酋长到达马吉利斯之前，炸弹在9点整爆炸，把沙发和旁边的几把椅子炸成碎片，散落了一地，马吉利斯的门窗玻璃也被震碎。所幸的是，没有人在爆炸中受伤。

1970年9月，为了完成第四学年的几门必修课程，我回到学校，开始学习。1971年6月，我终于完成了大学的全部学业。这一年的夏天，我在开罗和亚历山大度过，陪伴在身边的是我母亲、妹妹娜依玛和她的孩子。1971年8月中旬，我离开埃及回国。

第十四章

故乡

我完成了在开罗大学农学院的学业，于1971年8月中旬回到沙迦。一天，我刚把车停在乌鲁巴大街的一家果蔬店门前，一辆从阿布扎比过来的出租车就在我身边停下，司机向我打听去沙迦机场的路。出租车上坐着一位外国人，长时间的乘车和糟糕的路况让他满脸疲惫。这个人是美国亚利桑那大学农学院旱地植物系的卡尔·赫吉斯先生。

我向他作了自我介绍："我是苏尔坦·本·穆罕默德·卡西米，农业工程师，刚从开罗大学农学院毕业。我能送您去机场吗？"

卡尔·赫吉斯对搭我的车去机场有几分犹豫，但是果蔬店老板对他说："他是酋长的弟弟，所以不用担心。"

卡尔·赫吉斯坐上我的车去机场，他要乘坐飞往马斯喀特的航班。他的飞机还没到，我们就坐在候机大厅聊天，聊起了萨迪亚特岛[1]的农业工程。聊了一会儿，卡尔·赫吉斯表示愿意为我提供机会，到亚利桑那大学农学院的旱地植物系读硕士学位，我偷

1 意为"幸福岛"，阿布扎比海岸边的自然岛屿，距离阿布扎比主岛约500米。

快地接受了。我们还说好，为了便于办理入学手续，彼此保持联系。然而，沙迦后来几个月发生的事情，让我走上了一条完全不同的道路，但我和卡尔·赫吉斯的友谊一直保持到了今天。

担任政府要职

1971年10月初，堂兄谢赫穆罕默德·本·苏尔坦·卡西米打来电话，说有要事相告。他向我通告了最近和酋长谢赫哈立德·本·穆罕默德·卡西米通电话的内容。我哥哥谢赫哈立德告诉谢赫穆罕默德，他将任命穆赫塔尔·图姆担任沙迦市政当局的主席，负责处理酋长办事处的事务。谢赫穆罕默德·本·苏尔坦·卡西米反对这项任命，他说："苏尔坦·本·穆罕默德·卡西米已从开罗学成归来，还没有被任命任何政府职位，他才是担任酋长办事处总管的最佳人选。"

谢赫穆罕默德告诉我说，我哥哥是这样答复的："你必须说服苏尔坦接受这个职位。"

谢赫穆罕默德·本·苏尔坦·卡西米随后找到我，对我说：

"请务必接受这个职位，因为这个职位很敏感，而你又善于和人们直接打交道。"

我接受了任命。

酋长殿下的办事处是一栋别墅，在费哈的科威特大街，远离他的马吉利斯。最近，前前后后一直有很多人来酋长的马吉利斯，有结伴来的，也有单独来的，他们在商量两件大事：成立阿拉伯联合酋长国和阿布穆萨岛[1]的领土争议。由于一直在开罗，我

1　阿布穆萨岛和大通布岛、小通布岛位于霍尔木兹海峡入口处，伊朗与阿联酋对其归属存在争议，三岛目前处于伊朗控制之下。

不清楚他们都讨论了些什么，所以我自己必须尽快对这两个问题做深入的了解。

关于第一个问题，也就是成立阿拉伯联合酋长国的问题，巴林和卡塔尔的独立为建立由六个酋长国组成的联邦提供了机遇。这六个酋长国就是之前的特鲁西尔国家，其中不包括哈伊马角，因为它当时无意加入联盟。他们原先拟定的联盟成立计划包括九个酋长国，哈伊马角起初提出了一些加入联盟的先决条件，在问题得到解决后，最终同意加入。

阿布扎比酋长谢赫扎耶德·本·苏尔坦·阿勒纳哈扬和迪拜酋长谢赫拉希德·本·赛义德·阿勒马克图姆首先签署协议，加速了六国联盟的成立。

1971年7月18日，星期天。这一天召开了各酋长国的酋长会议，到会的酋长包括：阿布扎比酋长谢赫扎耶德·本·苏尔坦·阿勒纳哈扬、迪拜酋长谢赫拉希德·本·赛义德·阿勒马克图姆、沙迦酋长谢赫哈立德·本·穆罕默德·卡西米、富查伊拉酋长谢赫穆罕默德·本·哈马德·沙尔吉、阿治曼王储谢赫胡迈德·本·拉希德·努艾米，还有乌姆盖万王储谢赫拉希德·本·艾哈迈德·穆阿拉。会议通过了《阿拉伯联合酋长国临时宪法》。

第二个问题是阿布穆萨岛，被伊朗占领的沙迦领土。为了促使沙迦酋长谢赫哈立德·本·穆罕默德·卡西米和伊朗国王找到解决争议的办法，沙迦内部加快了讨论进度。威廉·卢斯爵士以英国特使的身份负责处理阿布穆萨岛的未来归属问题。由于英国已承诺当年年底从海湾撤走全部军队，这个问题显得格外迫切。威廉·卢斯爵士完成了一份声明的起草工作，声明将明确1971年

5月以后阿布穆萨岛的地位。但是伊朗方面态度消极，谈判被迫中断。

1971年8月18日，谢赫哈立德·本·穆罕默德·卡西米致函所有阿拉伯国家元首，向他们解释英国和伊朗在阿布穆萨岛问题上达成的共识。

谢赫哈立德·本·穆罕默德·卡西米收到了苏丹共和国总统贾法尔·尼迈里的回信，信中对共识的达成表达了美好的祝愿。沙特阿拉伯国王费萨尔·本·阿卜杜勒-阿齐兹·沙特在回信中则强调，沙迦与伊朗的争议应该用和平的方式解决。约旦哈希姆王国国王侯赛因在回信中声称，约旦将尽一切努力改善阿拉伯世界与伊朗的关系。阿盟秘书长阿卜杜勒·哈立克·哈苏纳则回信说，阿拉伯国家政府应与伊朗政府保持沟通。

谢赫哈立德·本·穆罕默德·卡西米派我将费萨尔国王回信的复本，送达阿布扎比酋长谢赫扎耶德·本·苏尔坦·阿勒纳哈扬。我于1971年10月15日前往阿布扎比，那天是星期四。我在曼哈勒宫他的办公室，见到了艾哈迈德·本·哈利法·苏瓦迪先生，参加会面的还有哈穆达·本·阿里先生，他是当时负责阿布扎比治安的官员之一。和谢赫扎耶德·本·苏尔坦·阿勒纳哈扬见面的时间被安排在第二天上午。当天夜里我被安排住在宾馆，并在那里等待见面时间。

那天恰好是谢赫扎耶德·本·苏尔坦·阿勒纳哈扬就任阿布扎比酋长的周年纪念，当晚会有一个庆祝晚会，埃及著名歌唱家乌姆·卡勒苏姆将登台表演。艾哈迈德·苏瓦迪先生邀请我参加，我欣然答应。

第二天一大早，艾哈迈德·苏瓦迪先生过来叫我，陪我去见谢赫扎耶德·本·苏尔坦·阿勒纳哈扬。因为那时正是酋长探望自己母亲的时间，所以见面地点就安排在他母亲住处的马吉利斯。这是我第一次见到谢赫扎耶德。我把费萨尔国王的信拿给他看，读完信，谢赫扎耶德当着艾哈迈德·苏瓦迪先生的面，跟我说了一会儿话。可以明显看出，他对阿布穆萨岛未来归属的安排并不满意。

几天后，我又奉命将费萨尔国王的信送达埃及政府。与埃及外交部长马哈茂德·里亚德先生见面时，我把信交给了他。

1971年10月底，我从开罗返回沙迦。11月1日，《海湾日报》刊登了几条消息。这家报纸由塔里亚姆·本·奥姆兰和阿卜杜拉·本·奥姆兰两兄弟创办，在沙迦登记，科威特印刷。《海湾日报》刊登的是沙迦酋长谢赫哈立德·本·穆罕默德·卡西米与英国特使威廉·卢斯爵士秘密会商的内容，涉及阿布穆萨岛的未来归属。谢赫哈立德·本·穆罕默德·卡西米谈话的主要内容成为报纸的头版头条。报纸大字标题的寥寥数字给人的印象是，谢赫哈立德坚决反对威廉·卢斯爵士关于阿布穆萨岛未来地位的建议。然而，刊登出来的会商细节却显示，谢赫哈立德认为在当前形势下，威廉·卢斯爵士的建议可以看作是维护我们的权益和岛屿主权的最后手段。

科威特新闻部被要求下令没收已经印刷的11月1日的《海湾日报》，数量估计有4000份，并悉数销毁。然而，多家报纸已经转载了《海湾日报》的消息，并于11月2日早上再次刊登了这一消息。威廉·卢斯爵士当天晚上看到报纸上的消息，非常恼火。于是他联系了谢赫哈立德·本·穆罕默德·卡西米，要求他立即吊销《海湾日报》的执照。谢赫哈立德答复说，这样的决定将引发国内安全问题；但他承诺，这家报纸将不会再刊登与阿布穆萨岛有关的新闻。那天晚上，《海湾日报》总编阿卜杜拉·本·奥姆兰向谢赫哈立德保证，绝不会再刊登与阿布穆萨岛有关的任何消息。然而，吊销《海湾日报》执照的压力仍在持续增加。11月10日，阿卜杜拉·本·奥姆兰致函谢赫哈立德，再次做出保证：对于正在进行的、有关海湾阿拉伯岛屿的会谈，《海湾日报》不会再报道一个字。至此，《海湾日报》的生存危机得到化解。

与伊朗签订《阿布穆萨协议》

1971年11月30日早上7点整，谢赫哈立德·本·穆罕默德·卡西米在一次长篇演讲中宣布，伊朗政府与他本人已签署协议，内容包括以下几点：

> 协议不影响沙迦关于阿布穆萨岛主权的立场。
>
> 阿布穆萨岛将分割为分属于沙迦和伊朗的两个部分。
>
> 阿布穆萨岛的沙迦警察局将继续悬挂沙迦国旗。
>
> 分割之后，在阿布穆萨岛的其余（沙迦）部分，沙迦警察和行政机构继续运作。
>
> 沙迦部分的岛上居民是沙迦公民。

1971年12月1日上午，一个由沙迦副酋长谢赫萨克尔·本·穆罕默德·卡西米率领的代表团从沙迦出发，前往阿布穆萨岛会晤先期到达的伊朗代表团。当天晚上，不仅在沙迦，而且在大多数酋长国，爆发了示威抗议活动。抗议者反对将阿布穆萨岛的任何一部分割让给伊朗，现在不会，将来也永远不会。

那天黄昏后，谢赫萨克尔·本·穆罕默德·卡西米率领代表团回到沙迦。他正要跨进家门的时候遭到枪击，子弹穿透了他的身体，幸好未造成严重后果。枪手的身份至今未能查明。

一个新国家的诞生

阿拉伯联合酋长国诞生于1971年12月2日的上午。六个酋长国的酋长（不包括哈伊马角酋长）聚首（迪拜）朱迈拉的国宾馆。此前，每位酋长已在各自的国内签署了一份协议，宣布废止各酋长国1971年12月1日与英国签署的特别协定。各酋长悉数到场意味着阿拉伯联合酋长国最高委员会第一次会议的召开，临时宪法开始生效。谢赫扎耶德·本·苏尔坦·阿勒纳哈扬当选阿拉伯联合酋长国总统；谢赫拉希德·本·赛义德·阿勒马克图姆当选副总统；谢赫马克图姆·本·拉希德·阿勒马克图姆当选总理。

这次会议还多次讨论了新生国家与英国政府的关系。讨论的结果是签署阿拉伯联合酋长国与英国政府的友好协定。联盟最高委员会授权谢赫扎耶德·本·苏尔坦·阿勒纳哈扬总统身份，与代表英国政府的驻巴林英国政治公使签署该协定。

12月9日，成立了以谢赫马克图姆·本·拉希德·阿勒马克图姆为主席的部长委员会，我被邀请担任教育部部长。我接受了邀请，同时我继续保留沙迦酋长办事处总管的职位。

艰难的日子：沙迦酋长遇害

伊斯兰教历1391年12月8日，即公历1972年1月24日，这天是星期一。我正在酋长办事处我自己的办公室，这时沙迦金融部主任哈立德·阿拉米拎着一个手提箱走进来，通知我谢赫哈立德很快会过来签银行支票，用于支付政府雇员的工资和合同款，因为1月26日是开斋节。过了一会儿，酋长特别卫队的几名警卫到了，告诉我说酋长正在路上，他们是来确认这个地方是否安全的。

那天上午11点，谢赫哈立德到了。他让哈立德·阿拉米把需要他签字的支票拿给他，并叫我坐在他身边。他在支票上签字的时候，转向哈立德·阿拉米，对他说："从下个月开始，所有支票由苏尔坦签字。"

哈立德·阿拉米说："这件事责任重大。"

谢赫哈立德说："等苏尔坦到了我的位置，我会更加轻松。我很想休息。"

哈立德·阿拉米接着说："殿下，您可以去旅行，好好放松一下。"

谢赫哈立德则回应："我需要长时间休息。"

离开酋长殿下办事处的时候已是中午，谢赫哈立德让我一起去他的王宫吃午饭。他的妻子应邀参加婚宴，不在王宫。

在王宫，谢赫哈立德让我在客厅等他一下，他想洗个澡。我对他说："我想回去取些文件让您过目。"

时间快到下午两点。我和妹夫谢赫沙特·本·苏尔坦·卡西米住一幢房子，离王宫不远。从住处去王宫的路上，我遇见了拉希德·本·阿里·迪马斯先生，他是一位有名的建筑承包商，想让我为他在一张支票上签字。上午的时候哈立德·阿拉米没有把这张支票拿给谢赫哈立德。

拉希德·本·迪马斯对我说："哈立德·阿拉米告诉我所有

的支票都由您签字。”

我说：“但要从下个月开始。”

拉希德·本·迪马斯接着说：“哈立德·阿拉米说他会和银行协调。”

“我正要去王宫，”我说，“谢赫哈立德会签字的，我下午就派人把签好的支票送给你。”

两点半的时候，我们听见王宫传来枪声。拉希德·本·迪马斯问我这是怎么回事，我说是警卫在王宫后面打靶。接着，我们又听见炸弹爆炸的声音，还看到王宫入口处有浓烟升起。谢赫哈立德的王宫建在山上，谢赫沙特·本·苏尔坦·卡西米的房子建在另一座山上，从那里可以看到进出王宫的人。

我让拉希德·本·迪马斯陪我过去看看。他上了我的车，我把车开到王宫的侧门。这个门专供家庭成员和雇员进出，袭击者正是从这个门进的王宫。靠近侧门的时候，我的车被冲锋枪子弹击中。我们低下头，我把车朝费哈方向开去，去那里找沙迦警察总监，英国人伯恩斯先生，请他出动联盟卫戍部队的士兵。然后我回到妹妹娜依玛·本·穆罕默德·卡西米的家。袭击开始后，娜依玛妹妹一直在和哥哥谢赫哈立德通电话，谢赫哈立德告诉她：“萨克尔·本·苏尔坦闯进了王宫。”

我给哥哥谢赫萨克尔·本·穆罕默德·卡西米打电话，得知娜依玛妹妹已经把情况告诉了他，于是我问他：“我们听你指挥？”他说：“不，我们听你指挥，我这会儿正忙着开枪射击，从南面包围王宫。在大马吉利斯的卫兵会从北面包抄过去。我不想放跑一个刺客。”

哥哥谢赫萨克尔·本·穆罕默德·卡西米家的房子也建在山

上，可以俯瞰整个王宫。这时他已经带人上了房顶，用两挺带双腿支架的轻机枪远距离开火。

下午三点半，袭击发生后的一个小时，联盟卫戍部队的士兵赶到谢赫沙特·本·苏尔坦·卡西米的住处，沙迦警察总监一同赶到。我也在那里，我告诉他们王宫遭到一伙人的袭击，领头的是沙迦前任酋长谢赫萨克尔·本·苏尔坦·卡西米，他几年前被英国人驱逐出了沙迦。我说话的时候，子弹从王宫方向如雨点般射来，我还听到王宫的院子里有两颗手雷爆炸。向王宫内渗透的任务由酋长卫队的特种兵完成，他们试图占领王宫的外层围墙，但对方集中火力阻止他们靠近。

由于谢赫哈立德·本·穆罕默德·卡西米、他的孩子及用人都被困在王宫里，情况变得异常棘手，我向联盟卫戍部队的指挥官提出要求，要避免攻击行动伤害到谢赫哈立德和他的孩子。王宫的院子里有一栋别墅，袭击开始时，谢赫哈立德·本·穆罕默德·卡西米的孩子们就转移到了那里。这一情况得到确认后，指挥官命令联盟卫戍部队和酋长的王宫卫队向王宫发起攻击。在猛烈的火力和烟幕的掩护下，王宫的侧门和围墙被攻占。

对王宫和内院的包围已经完成，王宫里不见人影，双方从窗户对射，子弹射进走廊、大厅，还有各个房间。

第二天早上四点半，阿拉伯联合酋长国国防部部长谢赫穆罕默德·本·拉希德·阿勒马克图姆来到沙特·本·苏尔坦·卡西米的住处，与他同时到达的还有沙特代表阿卜杜拉·法德勒，他为谢赫萨克尔·本·苏尔坦·卡西米带来了沙特国王费萨尔·本·阿卜杜勒-阿齐兹·沙特的交换条件：如果他放了谢赫哈立德·本·穆罕默德·卡西米，就可以去沙特阿拉伯。

谢赫穆罕默德·本·拉希德·阿勒马克图姆让我把他带到一个能打电话的地方，他和阿卜杜拉·法德勒都要和谢赫萨克尔·本·苏尔坦·卡西米通电话。

谢赫穆罕默德·本·拉希德·阿勒马克图姆和谢赫萨克尔·本·苏尔坦·卡西米通了电话，告诉他沙特方面开出的条件。然而，谢赫萨克尔·本·苏尔坦·卡西米的回答是："谢赫哈立德·本·穆罕默德·卡西米已经被打死。"

谢赫穆罕默德·本·拉希德·阿勒马克图姆说："那么你投降。"

早上6点，谢赫萨克尔·本·苏尔坦·卡西米带着他的同伙投降，他们随即被关进了监狱。

挑选新酋长

1972年1月25日，卡西米家族的家庭会议定于上午11点召开，地点在谢赫哈马德·本·马吉德·卡西米的马吉利斯。我决定参加。

在谢赫沙特家门前，我看见已故酋长谢赫哈立德的一队卫兵、他的汽车和司机，还有他的武装侍卫。他们请我上了那辆车，前往谢赫哈马德·本·马吉德·卡西米的马吉利斯。我到达时，那里已经挤满了卡西米家族的成员，只有马吉利斯中间的主沙发还空着一个位置。卡西米家族辈分最高的谢赫哈立德·本·哈立德·卡西米坐在沙发的左侧。于是我在主沙发上坐下。

谢赫哈立德·本·哈立德·卡西米坐在沙发上，说着家族里的事情。过了一会儿，谢赫穆罕默德·本·苏尔坦·卡西米站起身来，他一直坐在马吉利斯左侧的中间一排。他说："还有比这更重要的事情。你的船遇到了危险，需要一个舵手把船指引到安全的地方。他年长或年轻并不重要，但他必须是一个能当此重任的人。这个人就是苏尔坦·本·穆罕默德·卡西米！”

马吉利斯里顿时充满了欢呼声，大家一致赞同。

我沉默了一会儿。谢赫穆罕默德·本·苏尔坦·卡西米走到我面前，伸出一只手。我和他握了手，然后并排坐到沙发上。

家族成员们聚拢在我周围，亲吻和祝福我。谢赫穆罕默德·本·苏尔坦·卡西米紧紧抓住我的手，吻了我之后，他的手才松开。

然后我说：“帮助我吧，让我成为长辈的忠实的儿子、同辈的真诚的兄弟、晚辈的慈祥的父亲。”

伊斯兰教历1391年12月10日是宰牲节，对应的公历是1972年1月26日，星期三。人们拥向开斋节的礼拜地点。开斋节礼拜后，我们听取了对已故酋长一生所做善事的记述。我们为他祈祷，祈求真主宽恕他。

接下来是殡礼祈祷。最后，酋长的埋体被送到沙迦的朱拜勒墓地入埋。愿真主宽恕他，他会以虔诚和正直的形象一直活在我们当中。

在大马吉利斯，我接待前来祝福的人们，他们在对我表示支持的同时，也表达了对逝者的哀悼：

—愿真主为您带来安慰……

—我们向您表示开斋节的祝贺……

—愿真主洗尽您的悲伤……

—我们祝贺您成为新酋长。

译名对照表

‘Abaduh (boatman) 阿巴杜（船夫）
‘Abd al-‘Aziz, Su‘ud bin, Emir 阿卜杜勒-阿齐兹，沙特·本，埃米尔
Abd al-Rahman, Faris bin 阿布德·拉赫曼，法里斯·本
Abdel Nasser, Jamal 阿卜杜尔·纳赛尔，贾迈勒
‘Abdul-‘Al,Isma‘il Muhammad 阿卜杜勒-艾尔，伊斯梅尔·穆罕默德
‘Abdul-Nabi, Mahmoud 阿卜杜勒-纳比，马哈茂德
‘Abdul-Rahman (Saudi Major General) 阿卜杜勒-拉赫曼（沙特少将）
‘Abdul-Salam, Muhammad 阿卜杜勒-萨拉姆，穆罕默德
‘Abdul-Salihin, Gharib 阿卜杜勒-萨利辛，加里卜
‘Abdullah, Muhammad bin Sultan bin 阿卜杜拉，穆罕默德·本·苏尔坦·本
‘Abdullah, Sayyid 阿卜杜拉，赛义德
Abu Mahmoud, Riyad 阿布·马哈茂德，里亚德
Abu Na’aj, Faiz 阿布·纳吉，法伊兹
Abu Qafl, Thani bin‘Abdullah 阿布·卡夫勒，萨尼·本·阿卜杜拉
Abu Qasidah (Omani student) 阿布·卡西达（阿曼学生）
Abu Ruhaima, ‘Ali bin Muhammad 阿布·鲁海玛，阿里·本·穆罕默德
Abu Ruhaima, Ahmad bin Muhammad 阿布·鲁海玛，艾哈迈德·本·穆罕默德
‘Abul-Ma‘ati, Muhammad 阿布-马提，穆罕默德
Aflaq, Michel 阿弗拉克，米歇尔
Al Khalifa, ‘Isa bin Salman 阿勒哈利法，伊萨·本·萨勒曼
Al Khalifa, Khalifa bin Salman 阿勒哈利法，哈利法·本·萨勒曼
Al Khalifa, Salman bin Hamad, Ruler of Bahrain 阿勒哈利法，萨勒曼·本·哈马德，巴林埃米尔
Al Nahyan, Zayed bin Sultan, Ruler of Abu Dhabi 阿勒纳哈扬，扎耶德·本·苏尔坦，阿布扎比酋长
Al Thani, Ahmad bin ‘Ali, Ruler of Qatar 阿勒萨尼，艾哈迈德·本·阿里，卡塔尔埃米尔
Al Thani, ‘Ali bin ‘Abdullah 阿勒萨尼，阿里·本·阿卜杜拉
Al Thani, Muhammad bin ‘Ali 阿勒萨尼，穆罕默德·本·阿里
al-‘Alami, Khalid 阿拉米，哈立德
‘Ali, Amina bint (Manuh Hara’iq) 阿里，阿米娜·宾特（马努赫·哈拉伊克）
‘Ali, Hamuda bin 阿里，哈穆达·本
al-‘Ali, Hasan 阿里，哈桑

Al-Bab, Nabil Fath 巴卜，纳比勒·法特赫
Badruddin, ‘Abdul-Latif 巴德鲁丁，阿卜杜勒-拉蒂夫
Bahri, Yunus 巴赫里，尤努斯
Al-Bakir, ‘Abdul-Hamid 贝吉尔，阿卜杜勒-哈米德
Balfour-Paul, H.Glen 鲍尔弗-保罗，H. 格兰
al-Baluki, Yusuf 巴鲁基，优素福
Banderi, ‘Abdallah (driver) 班德瑞，阿卜杜拉（司机）
Barut, ‘Uthman 巴鲁特，奥斯曼
al-Batini, Salim 巴蒂尼，萨利姆
Basiduh (blindman) 巴希杜（盲人）
Berkut, Mirza 贝尔库特，米尔扎
Bishr, Batti bin 比希尔，巴蒂·本
al-Boraini, Ahmad Qasim 伯莱尼，艾哈迈德·卡西姆
Brenchley, Frank 布兰奇利，弗兰克
Buckmaster, Martin 巴克马斯特，马丁
Bullard, Julian 布拉德，朱利安
al-Buraimi, Isma‘il 布莱米，伊斯梅尔
Burns (British Head of Sharijah Police) 伯恩斯（沙迦警察的英国总监）
Burton, Michael 伯顿，迈克尔
Bushnaq (bookseller) 布什纳克（书商）
al-Bustani, ‘Ali 布斯塔尼，阿里

Clark, Terence J. 克拉克，特伦斯·J.
Clay, Lucius 克莱，卢修斯
Craig, James 克莱格，詹姆斯

al-Dahh, Saif 达哈，赛义夫
Damuni, ‘Abdul-Rahman 达姆尼，阿卜杜勒-拉赫曼
Dayan, Moshe 达扬，摩西
al-Dib, Fathi 迪卜，法特希
Dimas, Rashid bin ‘Ali bin 迪马斯，拉希德·本·阿里·本
D’Silva, D.S. (school-teacher) 德希尔瓦，D.S.（教师）

al-Dukhi, Ya‘qub binYusuf 杜希，雅各布·本·优素福
al-Dukhi, Yusuf 杜希，优素福
Duqlah, ‘Ali (barber and circumciser) 杜克拉，阿里（理发师、割包皮者）
al-Duwaik, Yusri 杜韦克，尤斯里

Fadhil (school-teacher) 法迪勒（教师）
al-Fadhl, ‘Abdullah 法德勒，阿卜杜拉
Fairuz, Matar 法鲁兹，马特
Faisal, King of Saudi Arabia 费萨尔，沙特国王
al-Falasi, ‘Umair bin ‘Abdullah 法拉希，乌马尔·本·阿卜杜拉
Falconer, Murray 法克那，穆雷
Farangieh, Hamid 弗朗吉亚，哈米德
al-Flasi, ‘Umair bin ‘Abdullah 弗拉西，乌马尔·本·阿卜杜拉
al-Fulaij, Yusuf 弗莱迦，优素福

Ghonaim, Mahmud 高奈姆，马哈茂德
al-Ghurair, Saif bin Ahmad 古拉尔，赛义夫·本·艾哈迈德

al-Habtur, Khalifa bin Sultan 哈布图尔，哈利法·本·苏尔坦
al-Hadhari, Khalifa bin Muhammad 哈达里，哈利法·本·穆罕默德
Hadid, Ahmad (policeman) 哈迪德，艾哈迈德（警察）
al-Hamad, ‘Isa Ahmad 哈马德，伊萨·艾哈迈德
Hankin-Turvin, Richard 汉金-特文，理查德
Hara’iq, Manuh (Amina bint ‘Ali) 哈拉伊克，马努赫（阿米娜·宾特·阿里）
al-Hasan, Yusuf 哈桑，优素福
Hassuna, ‘Abdul Khaliq 哈苏纳，阿卜杜勒·哈立克
Hegges, Carl 赫吉斯，卡尔
al-Hijjawi, Zakariya 哈贾维，扎卡里亚
al-Hilali, Abu Zaid 希拉利，阿布·扎伊德
Hossmann, Sarah 郝思曼，莎拉
al-Huraiz, Bayyat bin Muhammad 胡赖兹，贝亚特·本·穆罕默德
Husain, ‘Abdul-‘Aziz 侯赛因，阿卜杜勒-阿齐兹
Husni, Shaukat 胡斯尼，肖卡特
Hussein, King of Jordan 侯赛因，约旦国王

Ibn Kalban (slave) 伊本·卡尔班（奴隶）
Ibn Madhkur (fisherman) 伊本·马德胡尔（渔夫）
Ibn Mazhloum (guard) 伊本·马兹罗姆（警卫）
‘Imara, Hashim 伊玛拉，哈西姆
Indinghi 因丁希
Isma‘il (headmaster) 伊斯梅尔（校长）

Jad, Husain 贾德，侯赛因
Jad‘an, Amin 贾丹，阿明
Ja‘far (Iranian doctor) 贾法尔（伊朗医生）
al-Jahiz 贾希兹
Jasim, Jasim bin Muhammad bin 贾西姆，贾西姆・本・穆罕默德・本
Juluwi, Sa‘dbin 朱禄维，萨德・本
Jumai‘a (nanny) 卓美娅（保姆）

Kaidi, Husain (cook) 凯迪，侯赛因（厨师）
Kamil, Muhammad bin ‘Ali bin 卡米勒，穆罕默德・本・阿里・本
Karim, Ahmad ‘Azab 卡里姆，艾哈迈德・阿扎布
al-Kashif, ‘Ali Fahmi 卡斯希夫，阿里・法赫米
Khadim, ‘Ali bin 哈蒂姆，阿里・本
al-Khail, Sa‘id (horse-riding teacher) 哈伊勒，赛义德（马术教练）
Khalfan (boatman) 哈勒凡（船夫）
al-Khalid, Badr 哈立德，巴德尔
al-Khasuni, ‘Awadh bin Saif 哈苏尼，阿瓦德・本・赛义夫
Khatoon, Maryam 哈图恩，玛丽亚姆
al-Khuli, Muhammad ‘Abdul-Ghani 扈利，穆罕默德・阿卜杜勒-加尼
Khusaif, ‘Ayyidbin (bodyguard) 胡赛夫，阿义德・本（侍卫）

Labbaf (Iranian translator) 拉巴夫（伊朗翻译）
Luce, Sir William 卢斯爵士，威廉

McCaully (doctor) 麦克考利（医生）
al-Mahmoud, Muhammad bin ‘Ali 马哈茂德，穆罕默德・本・阿里
al-Mahmoud, Salimbin ‘Abdullah 马哈茂德，萨利姆・本・阿卜杜拉
Majdali (martyr) 马吉达里（烈士）
al-Makhawi, Rashid bin Sultan 马哈维，拉希德・本・苏尔坦
al-Maktoum, Maktoum bin Rashid 阿勒马克图姆，马克图姆・本・拉希德
al-Maktoum, Muhammad bin Rashid 阿勒马克图姆，穆罕默德・本・拉希德
al-Maktoum, Rashid bin Sa‘id, Ruler of Dubai 阿勒马克图姆，拉希德・本・赛义德，迪拜酋长
al-Maktoum, Sa‘id bin Butti 阿勒马克图姆，赛义德・本・巴蒂
al-Manna‘i, Hamad bin ‘Abdul-Rahman 曼奈，哈马德・本・阿卜杜勒-拉赫曼
Marzuq (driver) 迈尔祖格（司机）
al-Marzuqi, Sultan bin Ahmad 马尔祖基，苏尔坦・本・艾哈迈德

al-Qasimi, Muhammad bin Sultan (Sultan bin Muhammad's cousin) 卡西米，穆罕默德·本·苏尔坦（苏尔坦·本·穆罕默德的堂兄）

al-Qasimi, Na'ima bint Muhammad (Sultan bin Muhammad's sister) 卡西米，娜依玛·宾特·穆罕默德（苏尔坦·本·穆罕默德的妹妹）

al-Qasimi, Rashid bin Saqr (Sultan bin Muhammad's uncle) 卡西米，拉希德·本·萨克尔（苏尔坦·本·穆罕默德的叔父）

al-Qasimi, Salim bin Sultan bin Salim 卡西米，萨利姆·本·苏尔坦·本·萨利姆

al-Qasimi, Salim bin Sultan bin Saqr (Sultan bin Muhammad's cousin) 卡西米，萨利姆·本·苏尔坦·本·萨克尔（苏尔坦·本·穆罕默德的堂兄）

al-Qasimi, Saqr bin Khalid (Sultan bin Muhammad's grandfather), Ruler of Sharjah 卡西米，萨克尔·本·哈立德（苏尔坦·本·穆罕默德的祖父），沙迦酋长

al-Qasimi, Saqr bin Muhammad (Sultan bin Muhammad's brother) 卡西米，萨克尔·本·穆罕默德（苏尔坦·本·穆罕默德的哥哥）

al-Qasimi, Saqr bin Muhammad, Ruler of Ras al-Khaima 卡西米，萨克尔·本·穆罕默德，哈伊马角酋长

al-Qasimi, Saqr bin Rashid 卡西米，萨克尔·本·拉希德

al-Qasimi, Saqr bin Sultan (Sultan bin Muhammad's cousin) 卡西米，萨克尔·本·苏尔坦（苏尔坦·本·穆罕默德的堂兄）

al-Qasimi, Saqr bin Sultan bin Salim 卡西米，萨克尔·本·苏尔坦·本·萨利姆

al-Qasimi, Shaikha bint Muhammad (Sultan bin Muhammad's sister) 卡西米，谢哈·宾特·穆罕默德（苏尔坦·本·穆罕默德的姐姐）

al-Qasimi, Sultan bin Salim, Ruler of Ras al-Khaima 卡西米，苏尔坦·本·萨利姆，哈伊马角酋长

al-Qasimi, Sultan bin Saqr (Sultan bin Muhammad's uncle) 卡西米，苏尔坦·本·萨克尔（苏尔坦·本·穆罕默德的伯父）

al-Qasimi, Sultan bin Saqr bin Sultan 卡西米，苏尔坦·本·萨克尔·本·苏尔坦

al-Qasimi, Su'ud bin Sultan (Sultan bin Muhammad's cousin) 卡西米，沙特·本·苏尔坦（苏尔坦·本·穆罕默德的堂兄）

al-Qasir, 'Ubaid Yusuf 卡希尔，奥贝德·优素福

Rahmani (Iranian Major General) 拉赫玛尼（伊朗少将）

Rakkadh, Ali bin 拉卡德，阿里·本

Rakkadh, Ibrahim bin 拉卡德，易卜拉欣·本

Shawqi, Ahmad 邵基，艾哈迈德
Shuma, Ibrahim 苏马，易卜拉欣
Shushan, ‘Abdul-‘Alim 舒山，阿卜杜勒-阿利姆
Siddiqi (Indian engineer) 西迪奇（印度工程师）
Stobart, Patrick 司徒巴特，帕特里克
Su‘ud bin Juluwi, Emir 沙特·本·朱禄维，埃米尔
al-Suwaidi, Ahmad bin Khalifa 苏瓦迪，艾哈迈德·本·哈利法
al-Suwaidi, Mira bint Muhammad 苏瓦迪，米拉·宾特·穆罕默德
al-Suwaidi, Salim bin Khamis 苏瓦迪，萨利姆·本·哈米斯
Suwailim, Salmeen bin (freed slave) 苏瓦利姆，萨尔敏·本（获自由的奴隶）

Taha, Mustafa 塔哈，穆斯塔法
al-Ta’i, Nasr 泰伊，纳斯尔
al-Tandi, Muhammad 坦迪，穆罕默德
Taryam, ‘Abdullah bin ‘Umran bin 塔里亚姆，阿卜杜拉·本·奥姆兰·本
Taryam, Taryam bin ‘Umran bin 塔里亚姆，塔里亚姆·本·奥姆兰·本
Taryam, ‘Umran bin 塔里亚姆，奥姆兰·本
Taylor, John 泰勒，约翰
Thomson, George 汤姆森，乔治

‘Ubaid al-Sha‘ir, Sa‘id 奥贝德·沙伊尔，赛义德
Umm Kalthoum 乌姆·卡勒苏姆
al-‘Umrani, ‘Abdullah bin Salim 乌姆拉尼，阿卜杜拉·本·萨利姆
‘Uqab (driver) 乌卡布（司机）
al‘Uwais, ‘Ali bin ‘Abdullah 乌艾斯，阿里·本·阿卜杜拉
al‘Uwais, Humaid bin Nasir 乌艾斯，胡迈德·本·纳西尔

Wilton, John 威尔顿，约翰

Ya‘qub, ‘Ubaid bin 雅各布，奥贝德·本
al-Yusuf, Muhammad Habib 优素福，穆罕默德·哈比卜

al-Za‘abi (Bedouin boy) 扎比（贝都因男孩）
al-Zaidi, Nasir 扎伊迪，纳西尔
al-Zarkali, Ghaith Khair al-Din 扎赫卡里，盖斯·哈伊尔·丁